赵玉萍 李 阳 殷淋淋 著

传承

中华优秀传统文化融入高校思想政治教育

辽宁人民出版社

© 赵玉萍　李阳　殷淋淋　2024

图书在版编目（CIP）数据

传承：中华优秀传统文化融入高校思想政治教育 /
赵玉萍，李阳，殷淋淋著 . -- 沈阳：辽宁人民出版社，
2024．12. -- ISBN 978-7-205-11420-6

Ⅰ . G641

中国国家版本馆 CIP 数据核字第 202432T6C6 号

出版发行：辽宁人民出版社
　　　　　　地址：沈阳市和平区十一纬路 25 号　邮编：110003
　　　　　　电话：024-23284325（邮　购）　024-23284300（发行部）
　　　　　　http ://www.lnpph.com.cn
印　　　刷：辽宁一诺广告印务有限公司
幅面尺寸：170mm×240mm
印　　张：14.25
字　　数：200 千字
出版时间：2024 年 12 月第 1 版
印刷时间：2024 年 12 月第 1 次印刷
责任编辑：王晓筱　刘铁丹
封面设计：G-Design
版式设计：逸诺文化
责任校对：吴艳杰
书　　号：ISBN 978-7-205-11420-6
定　　价：68.00 元

序　言

　　中华优秀传统文化源远流长、博大精深，是中华文明的智慧结晶和精华所在，是中华民族的根和魂，是繁荣兴盛社会主义文化的深厚基础。中华民族之所以能够历经风雨沧桑，依然屹立于世界东方，饱受挫折又不断浴火重生，从根本上说，就是因为在漫长的历史中留住了自己的文化之根、守住了自己的文化之魂。新时代推进社会主义文化强国建设，不能割断历史，只能在传承和弘扬中华优秀传统文化的基础上积极进行文化创新。在党的二十大上，习近平总书记强调"坚定历史自信、文化自信，坚持古为今用、推陈出新，把马克思主义思想精髓同中华优秀传统文化精华贯通起来"，指明了中华优秀传统文化的重要地位，为我们赓续中华优秀传统文化提供了思想指引。

　　新时代赋予了中华优秀传统文化新的评判标准与基本依据，在此背景下，如何深入挖掘中华优秀传统文化的育人资源，加强中华优秀传统文化教育，推动其更好地传承和弘扬更具紧迫性和重要性。因此，要根据时代发展，推动中华优秀传统文化创造性转化、创新性发展，将其融入高等教育之中。

　　高校承载着立德树人、教书育人的重要使命，是孕育先进思想、传播科学理论的重要阵地，马克思主义是高校最鲜亮的底色。习近平总书记指出："高校思想政治工作关系高校培养什么样的人、如何培养人以及为谁培养人这个根本问题。"这一重要论述着眼于新时代高校思想政治教育的全局，表达了高校思想政治教育的理论精髓和核心要义。中华优秀传统文化和思想政治教育具有密切的联系，在高校思想政治教育发展过程中，要结合中国特色、时代特色，坚持以科学理论引领，在中华优秀传统文化中汲取力量，推进高校思想政治教育不断创新发展。然而，中华优秀传统文化教育与思想政治教育还具有一定的差异性，中华优秀传统文化教育与思想政治教育都具有各自不同的教育目的、教育主体与教育内容。

基于中华优秀传统文化教育与思想政治教育两者所具有的异同点，不仅要充分发挥出中华优秀传统文化所具有的价值涵养与道德引领的重要功能，而且也要充分发挥出思想政治教育中所蕴含的文化育人的积极作用，让中华优秀传统文化与思想政治教育能够既有机融合、相得益彰，又能各有侧重、互相推动。

正是在这样的背景下，本书的出版才更有其时代意义。

本书以习近平总书记关于教育的重要论述为指导，深入贯彻落实党的教育方针，在理论上总结和吸纳了中华优秀传统文化的精华以及高校思想政治教育改革发展的前沿研究成果，增强了本书内容的实效性和创新性。本书聚焦于中华优秀传统文化融入高校思想政治教育的时代诉求，遵循继承与创新融合，可读与实用兼顾，将历史视野纳入探索的范围，对马克思主义文化观和中国共产党几代领导集体的传统文化观进行深刻剖析，凝练出新时代中华优秀传统文化融入高校思想政治教育的原则、要求、思路，尝试解答了"为什么融入""融入什么"和"怎么融入"的问题，实现了融入方式的创新性和丰富性，建构起中华优秀传统文化融入高校思想政治教育的路径体系。在体系结构上，致力于结构清晰、重点突出、语言精练、易懂且实用。

本书的编写与出版，得到了辽宁人民出版社的大力支持，是各位参编学者共同努力的结果，在此一并表示由衷的感谢！

由于编著者教学和科研任务繁重，加之编写时间紧迫，因此，书中必有不足之处，敬请各位读者朋友批评指正。

目　录

传承：中华优秀传统文化融入高校思想政治教育

目
录

目
录

中华优秀传统文化与高校思想政治教育概述

文化对促进人的全面发展有什么重要作用？中华优秀传统文化教育与高校思想政治教育之间存在什么样的关系？如何将中华优秀传统文化融入高校思想政治教育之中？对这些问题的回答，是研究高校文化育人的理论基础，对推动我国高等教育的发展、培养德才兼备的高素质人才具有重要意义。因此，首先要对文化、中华优秀传统文化和高校思想政治教育的相关概念进行论述，从内涵的角度加深对中华优秀传统文化和高校思想政治教育的理解，进而厘清二者之间的内在关系，促进立德树人理念的落实，为传承民族精神血脉，汲取丰厚的历史文化滋养，坚定文化自信，提供新的强有力的支撑。

第一节　文化及其育人功能

随着经济社会的快速发展和高等教育的深入发展，人们对文化的认识不断深化，文化之于人犹如阳光雨露之于草木，具有不可替代的重要作用。对于以人才培养为根本任务的大学而言，毫无疑问，育人功能是大学文化的本体功能。中华优秀传统文化越来越成为学术界关注的重点，而其中对中华优秀传统文化育人的研究更是重中之重。那么文化的含义是什么？中华优秀传统文化的基本内容是什么？文化又在怎样发挥着育人的功能呢？

一、文化的内涵

文化是个复杂的问题，它的概念内容极为宽泛，对它的定义更是多种多样，没有统一的标准。迄今为止，世界范围内并没有一个公认的关于文化的定义。从学术的角度看，文化是一个内涵非常宽泛和复杂的概念，在不同的领域和语境下，通常对文化有不同的阐释。文化新说纷呈的情况，说明了文化问题的复杂性以及人们对文化认识的不断扩大和深入。但我们要将文化传承好，必须首先理解文化的内涵。

（一）文化的本义与演化

在中国，"文化"最初并非作为一个独立词语而存在，"文"与"化"两个字是经历很长时间才逐步融合在一起成为一个词语的。

首先，看看"文"字及其意义。《说文解字》提出，"文，错画也，象交文"。这里的"文"主要指的是"纹理"。"纹理"之义随后演变为"规律"之义。而《尚书·序》提到"由是文籍生焉"，这里的"文"主要是指文字典籍等。在《论语》中有记载，"质胜文则野，文胜质则史，文质彬彬，然后君子"，此处的"文"主要指的是德性修养。我们可以这样理解，"文"字最初表示的是"规律、文字典籍"等，其深层次的含义是指人的德性修养。然后再看看"化"字的变化过程。《庄子·逍遥游》中提到"化而为鸟，其名为鹏"，这里的"化"主要指"变化生成"。《说文解字》中讲"化，教行也"，此处的"化"主要指的是教人有德性。可见，"化"最初主要是从"变化、教人变善"的角度来讲的。

将"文"与"化"连在一起使用，较早见于《周易·黄卦·象辞》，书中写道："刚柔交错，天文也；文明以止，人文也。观乎天文，以察时变；观乎人文，以化成天下。"这句话的本义是注重人事伦理道德，了解人类社会的各种规律和现象，以此来教化天下，使社会趋善向美。这一说法相当于是将"文"与"化"的意思联系到了一起。但此时，"文"与"化"还没有作为一个词使用。汉朝时期，刘向在《说

第一章　中华优秀传统文化与高校思想政治教育概述

苑·指武》中说："圣人之治天下也，先文德而后武力。凡武之兴，为不服也，文化不改，然后加诛。"这是首次将"文化"作为一个完整词语来使用，这里的"文化"和"文化内辑，武功外悠"（西晋束皙《补亡诗·由仪》）、"设神理以景俗，敷文化以柔道"（南齐王融《三月三日曲水诗序》），皆以武力征服与文治教化相对应，这里的"文化"与"武治"相对而言，可理解为文德教化。所以《易传》的"人文化成"主要指以"文治教化"，也可以引申为以德治天下。这里的文化与文明在同等意义上使用，体现出本义上的精神性、伦理性的特点。总之，关于文化即文治教化、礼乐典章制度的理解，在我国一直保持至近代。

近代以来，开始用人类学的理论解释文化。一般的理解是，自从人类出现便出现了文化，文化有广义和狭义之分。广义上的文化就是人类化，凡是人作用于自然界所创造的一切都是文化。举例来说，一处天然的森林，沐浴着大自然的阳光雨露自生自长，不假人力，它是自然物；但是如果人类用智慧、劳动、美学去改造它、修正它、美化它，使之成为一座森林公园，让人们使用它、欣赏它，这个时候它便烙上了人的痕迹，注入了人的审美情趣和价值理念，它便不是自然物了，而是进入文化创造物的范畴。所以广义的文化就是人化，就是人类化，不仅包括人所创造的物态的文化，也包括人所创造的制度和精神文化。

狭义文化论者认为，广义文化论的涵盖面过宽，以致涵盖全部社会生活，这与社会和人类历史并无差别，会失去文化本身的特点。因此，他们主张把文化概念的外延限定在精神领域。把文化涵盖对象限定在精神现象和精神活动方面的文化定义，通称为狭义文化说。在我国，较为流行的狭义文化定义是：（文化）特指精神财富，如文学、艺术、教育、科学等。（文化）专指社会意识形态以及与之相适应的制度和组织机构。

在西方，"文化"一词在英文和法文中均作culture。古罗马时代就出现了单词"culture"的最初形式"cultura"，而"cultura"来源于拉丁语系的单词"colere"，基本意思是"耕耘""作物培育"。因此，在西方，"文化"的本意应是"耕耘""培育"，它有物质劳动和精神劳动双重意蕴。17 世纪，德国历史学家、法学家赛缪尔·普芬道夫主要从精神层面来界定文化。到了 18 世纪，受到启蒙运动的影响，文化更多地与有知识、有教养等含义联系在一起，引申为培育人的智慧，形成良好的品格和风尚，体现了人的进步和发展。后来日本学者翻译这一单词时，用古汉语中彰显文治教化的"文化"一词作译，此后通过中国在当地的留学生传入国内，成为现代汉语中表示新的文化概念的一个外来词。

（二）文化的概念

文化是一个内涵十分宽泛且复杂的概念，在不同的学科领域下，通常对文化进行不同的定义。

最早给文化做比较全面和系统定义的是被称为"人类学之父"的英国人类学家爱德华·泰勒，他在《原始文化》一书中说："文化或文明从一种广泛的人种学的意义上是一个复杂体，它包括知识、信仰、道德法律、习俗以及其他所有人作为社会成员获得的一切能力和习惯。"[1] 泰勒的经典定义，获得大批学者支持，对我国文化研究也有较大的影响，但是因为他没有把"语言"这一很重要的文化载体列进去，这一定义也备受质疑。

美国人类学家克鲁伯和克鲁柯亨的文化定义为现代西方许多学者所接受："文化存在于各种内隐的和外显的模式之中，借助符号的运用得以学习与传播，并构成人类群体的特殊成就，这些成就包括他们制造物品的各种具体式样，文化的基本要素是传统（通过历史衍生和由选择得到的）思想观念和价值，其中尤其以价值观最为重要。"[2] 此定义不是通俗易懂的类型，比较理论化，不过其中"符号""传统"和"价值观"三个概念对解释和理解文化确实很有价值。之后，关于文化又有许多新的定义。

学术史上关于文化的定义非常繁杂，有人统计现在国内外专家学者为文化所作的定义有 200 多种。美国两位文化学学者克罗伯和克拉克洪

① 爱德华·泰勒.原始文化［M］.桂林：广西师范大学出版社，2005：1.
② 覃光广.文化学辞典［M］.北京：中央民族学院出版社，1988：110.

将之汇集起来，共 166 条，于 1952 年出版了《文化：概念和定义的批判性回顾》一书。在书中，两位学者把收集所有的文化的定义分类概括，共分成七类：描述性的定义、历史性的定义、行为规范性的定义、心理性的定义、结构性的定义、遗传性的定义和不完整性的定义。

该书列举了每一类代表性的定义并予以综述性评判，现举出这七类中代表性的说法：

（1）泰勒（1871 年）："文化或文明是一个复杂的整体，它包括知识、信仰、艺术、法律、伦理道德、风俗和作为社会成员的人通过学习而获得的任何其他能力和习惯。"

（2）帕克和伯吉斯（1921 年）："一个群体的文化是指这一群体所生活的社会遗传结构的总和，而这些社会遗传结构又因这一群体人特定的历史生活和种族特点获得其社会意义。"

（3）威斯勒（1929 年）："某个社会或部落所遵循的生活方式被称作文化，它包括所有标准化的社会传统行为。部落文化是该部落的人所遵循的共同信仰和传统行为的总和。"

（4）斯莫尔（1905 年）："'文化'是指某一特定时期的人们为试图达到他们的目的而使用的技术、机械、智力和精神才能的总和。'文化'包括人类为达到个人或社会目的所采用的方法手段。"

（5）威利（1929 年）："文化是一个反应行为的相互关联和相互依赖的习惯模式系统。"

（6）亨廷顿（1945 年）："我们所说的文化是指人类生产或创造的，而后传给其他人，特别是传给下一代人的每一件物品、习惯、观念、制度、思维模式和行为模式。"

（7）萨皮尔（1921 年）："文化可以定义为是一个社会所做、所思的事情。"

再看看国内对文化的定义：

《中国大百科全书》"社会学卷"："广义的文化是指人类创造的一切物质产品和精神产品的总和。狭义的文化专指语言、文学、艺术及一切意识形态在内的精神产品。"

《辞海》："从广义来说，指人类社会历史实践过程中创造的物质财富和精神财富的总和。从狭义来说，指社会的意识形态，以及与之相适应的制度和组织机构。"

文化从使用与理解的差异来看，可分为广义和狭义两种。广义文化展现了人之所以为人的价值，正是"文化"将自然的、动物的人变为思想的人、社会的人、组织的人、创造的人等，因此人及人类社会的全部内容皆可纳入"文化"范畴。广义文化的概念可从内涵上划分为以下几个层次。有两分法：物质文化与精神文化；有三分法：物质、制度和精神三个领域；也有四分法：物质、制度、风俗习惯、思想与价值。此外，还有物质、精神、艺术、语言符号、社会关系、风俗习惯等划分方式。

以上多种对文化概念的阐述都有一种含义，即凡是与人的劳动和智慧有关的、非自然的一切都是文化。因此，我们给文化的定义是：人类在文明实践的过程中，代代相传而创造出来的一切物质、制度、风俗和精神成果的总称。

二、文化的育人功能

文化的育人功能就是发挥"以文化人"的功能，实现培育人、塑造人的目的。习近平总书记指出："努力用中华民族创造的一切精神财富来以文化人、以文育人。"[①]文化的育人功能要在文化传承中展现，文化传承是文化传递与承接的社会现象，是一种文化赖以生存和维系的必要手段，它承载着将已经存在的文化成果一代代地传递给后人，并由后人接受再传承下去的历史重任。

---

① 习近平谈治国理政：第 1 卷［M］．北京：外文出版社，2018：164.

（一）价值引领功能

文化作为人类社会摆脱愚昧、开启智慧的标识，有着独特的认知功能。一方面，文化与智慧紧密相连，文化为人类提供了认知外部世界和人自身发展规律的知识和能力，为人类进一步改造客观世界和主观世界提供了智力支持，因此，恩格斯才明确指出："文化上的每一个进步，都是迈向自由的一步。"[①]另一方面，文化内蕴的价值尺度还为人们提供了认识世界和改造世界的价值标准，生活在不同文化传统中的人们对于同一事物的认知呈现出鲜明的差异性，而在对改造世界的途径选择和目标设定上也有着极为不同的见解。

文化的导向功能是指文化凭借其特有的精神内核对人与社会发展起着直接的导向作用。文化属于精神范畴，依附于其他物质载体形成了一种文化氛围，对人类社会形成潜移默化的影响。对生活在其中的人产生同化的作用。但是，文化的导向功能分为正导向功能与负导向功能。文化的正导向功能，是指那些先进的文化激发人们不懈奋斗、广泛凝聚社会力量、推动社会不断前进的功能。纵观人类发展的历史，那些优秀的、符合社会历史前进目标的，都能为社会建立新机制、形成新理论提供强大的精神信念。一般而言，当文化滞后和负文化盛行的时候，文化的负向功能就产生了。这种文化的滞后使得原有的社会思想意识形态、文化习惯、社会文化制度等文化要素对社会发展产生制约影响甚至消极影响，与社会发展目标不一致抑或相互排斥、相互对立，对人与社会发展就会产生负导向的作用，成为人与社会发展的阻碍力量。

意识形态属于文化的一部分，占统治地位的意识形态就是主流文化。同时，文化带有意识形态的功能。文化的意识形态功能决定了文化是决定国家、民族以及个人命运的关键因素。随着全球化的深入，全球化进程从经济领域迅速向政治与文化领域扩展，成为国际关系中或者反抗霸权主义的依托，文化的安全上升为国家安全的一个重要方面，

---

① 马克思恩格斯文集：第 9 卷 [M]．北京：人民出版社，2009：120.

因此，文化的意识形态功能决定了维护自身文化主权和文化安全的重要性。

（二）行为塑造功能

文化的主体是人，人是推动文化进步的主体，也是享用文化成果的主体。人创造了文化，也生活于文化中，为文化所创造。文化最直接、最根本的作用就是教化人，对人进行塑造。这也符合文化在中国古代的含义：文化之"化"，就是教化，就是以文化人，进行行为塑造。社会是由人组成的，离开了人便没有社会。社会中的一切应当从人、从人之行为中得到解释，文化对人的影响主要表现为对人的行为模式的塑造。在《中国文化的展望》中，殷海光把以往的文化定义分为六类，其中第三类是规范性的定义，即功能性的定义。

文化之所以能够起到塑造人的作用，根本在于人是理性化的动物。人的活动并非动物式的适应外部环境的本能性活动，人的活动本质上是一种有目的、有意识的活动，在活动之先，人便形成了活动的目的、计划，在活动中人还要时时受意识所控制。"意识性"是人的活动的根本特性之一。因此，人的意识的性质决定了人之活动的性质，人之思维的水平决定了人之活动所可能达到的水平。而狭义的文化正是要对人的精神发挥作用，文化的核心思维方式、道德观念、审美情趣和价值观念等正是浅层文化在人内心的积淀。

人对文化的接收带有积极、主动的性质，这里体现的正是人的主观能动性。任何一种文化的成员对于其生活于其中的文化均具有某种能动性。从知识、信仰、艺术、法律、道德到风俗习惯等，文化成员对文化的各个领域都有所选择、有所取舍。从每个人"成年"开始，就一直在选择应该学习什么知识、从事何种职业、做一个什么样的人。正由于有了这种选择，所以才有了文化成员间个体的差异，才有了文化的丰富多彩和持续进步。

人接受文化具有自觉性，但文化对人的影响也具有"强迫性"。人是社会化的动物，离开了社会人便无法生存，其表现之一便是任何新生的一代均不是在空无的基础上进行生活，他们不仅必须接受先代创造的东西，在接受后才能取舍，而且必须与他们的父辈、祖父辈甚至曾祖父辈生活在一起。从牙牙学语开始，他们就开始接受其祖先一直在说着的语言，模仿其父辈的生活习惯，学习其父辈留传下来的知识，做其父辈所做的事。然而，所有这些并非他们的选择，不如此，他们便无法沟通，无法进入这个社会，享受这个社会的便利，维持自己的生存。这就造成：文化是怎样的，在此文化氛围下生长起来的人也只能是怎样的。中国传统文化之下只能培养出中国人，西方文化只能塑造西方人。文化在人心理上的积淀成为人的第二天性，成为人一生都难以破解的"文化密码"，它一旦形成，即使移居别种文化环境中，也难以摆脱。

可以说，文化最大的特质，就是具有极强的渗透性、持久性，像空气一样无时不在、无处不有，能够以无形的意识、无形的观念，深刻影响着有形的存在、有形的现实，深刻作用于经济社会发展和人们生产生活，深刻影响和塑造着生活于其中的每个人。只要我们生长于某种文化中，不论我们愿意与否，不论我们是否意识到，都会受到此种文化的影响，都会按照此种"文化密码"来行事。

正是由于文化具有塑造人的作用，所以一个社会的统治阶级不仅要掌握这个社会的物质量，而且要掌握精神阵地，占领文化阵地。换言之，在阶级社会，每一时期占统治地位的思想只能是统治阶级的思想，非意识形态化是完全不可能的。

（三）素质提升功能

教育的本质是用文化促进人的发展的活动。传播知识、提升人的综合素质是文化的价值所在，文化的素质提升功能集中表现在为人们提供科学的理论指导，使人在实践中发挥自己的优势，进而提高个人素质。新时代我国对青年的培养目标是培育和造就德才兼备的社会主义建设者和接班人，可以看出，发挥文化的素质提升功能是非常有必要的。

中华文化五千多年的历史演进中，人间百态和自然风光等全方位的内容蕴藏其中，我们可以从这里追思远古、探索世界、开阔眼界、积累学识。中华优秀传统文化可以陶冶情操，提升人的形象思维、想象思维和处世态度，改善人的心灵境界和交往方式。我们可以学习蕴含其中的朴素辩证法思想。全面建成社会主义现代化强国任重道远，需要持续推进改革开放。这就需要领导干部提升自身素质，增强理论思维，不断突破各种束缚，探寻解决问题的具体方法和模式。因此，中华儿女可以从优秀传统文化中吸纳更多灵秀之气，提升精神境界，以更加昂扬的精神风貌奋进新时代新征程。中华文化博大精深，言简义丰，意境空灵，是中华民族的精神根基，中华文化的情感激发、道德教化作用都是通过其独特魅力实现的。古今优秀的文学作品，在语言上都有着生动形象、凝练含蓄、引人深思的特点，因此在文字的锤炼上须加大力度。尤其篇幅短小的古典文学，更加注重语言的精练含蓄，所谓"辞约而旨丰，事近而喻远"体现的正是此道理。正因如此，学习中华优秀传统文化可以提高语言运用的功力。

因此，文化具有提升人们理论素养、思维能力、审美能力和表达能力的重要作用，可以促进人们综合素质的全面提高，增强人格魅力，促进人的自由全面发展。

第二节　中华优秀传统文化相关概念

中国特色社会主义进入新时代，我们面临新的时代课题。新时代赋予了中华优秀传统文化新的时代元素和评判标准，赓续中华优秀传统文化的使命任务更加艰巨和紧迫，新的发展机遇赋予了中华优秀传统文化新的活力和表现形式。中华优秀传统文化作为中华民族的精神财富与智慧结晶，是中华民族的精神家园，也是我们文化创新的重要源泉；对革命文化和社会主义先进文化的形成影响深远，是提升文化自信、推动文化繁荣、建设文化强国的重要力量。对中华优秀传统文化深刻内涵的探究，首先要对传统文化有深刻认知，进而明确"优秀"的标准，然后才能全面准确地界定中华优秀传统文化。

一、传统文化

明确了"文化"的各种说法，我们就可以对"传统文化"有一种认知。传统文化指从古到今的文化的一切内容，凡是历史上出现过的文化现象都可归入传统文化范畴。传统文化包罗万象，既有精华也有糟粕，既有先进也有落后，无所不包，良莠不齐。因此，传统文化就是文明演进而积聚成的一种反映某一民族特质和风貌的民族文化，是民族历史上各种思想文化、观念形态的总体表征。

我们强调的传统文化，是指一个民族从古代传承延续下来的文化，对于外来文化来讲，传统文化是指一个民族的文化，或者说本土文化；而对于当代文化来讲，传统文化又是指在历史上孕育形成发展并流传下来的文化，不同的传统文化具有不同的价值观念，这是其内核本质，那么我们说传统文化其实蕴含着传统的观念形态。

相较当代文化和外来文化来讲，它的内容应是历史上存在过的各种物质的、制度的和精神的文化实体和精神成果。例如建筑服饰、风俗习惯、古典诗文、忠孝观念等，也就是通常所说的文化遗产。每一个历史悠久的民族、国家，都有其独具特色的民族传统文化，且民族、国家的历史越是悠久，其积淀的文化传统就越是深厚，对后来的文化影响就越大。

中华传统文化，是指中华民族从原始社会到清朝结束这几千年时间创造出来的所有的物质成果与精神成果的总和，内涵包括中华民族独具特色的语言文字、多姿多彩的文化典籍、辉煌灿烂的文学艺术、意蕴深邃的哲学宗教、人文情怀的道德伦理、璀璨缤纷的科技工艺等。传统文化的内容庞大博杂，同一个内容，从这个角度看的时候，也许是精华，换一个角度看，也许就成了糟粕，这是中华传统文化的一大特点。

中华传统文化的构成是相当复杂的，概括起来，主要分为以下几个方面：一是主流文化和非主流文化。二者相互吸收，错综复杂，需要我们认真研究主流文化和非主流文化，相互契合，影响该时代的特征与机制，从而过滤出体现当代要求的时代精神、闪光的优秀传统。二是进步文化和落后文化。中华传统文化中精华与糟粕并存，进步和落后因素相互交织，研究传统文化，必须立足历史事迹加以认真清理研究，用马克思主义辩证方法分析、综合，进一步转化。三是雅文化和俗文化。二者也是互相渗透、互相影响、互相制约、互相促进的辩证关系，相反相成，需要辩证对待。另外，还有官方文化和民间文化，汉族文化与少数民族文化，本土文化和外来文化，中华传统文化中既包含本土文化的主要成分和精华，也包含着外来文化的因子。

在长期的历史发展中，中华传统文化形成了自己独有的特征，这对于如今我们传承和弘扬中华优秀传统文化有十分重要的意义。

二、中华优秀传统文化

中华优秀传统文化具有丰富内涵和多样性的内容，不但分布广阔，而且博大精深。作为其重要组成部分的乡村优秀传统文化，同样内容全面且广泛，具有时空上的广度和深度。与现代城市文化相比，以乡村为基础的中华优秀传统文化的内涵更能体现出中华民族的精神品格。在弘扬中华优秀传统文化日益重要的新时代，赋予中华优秀传统文化新的时代内涵成为其传承和发展的应有之义。

（一）中华优秀传统文化的内涵

中华优秀传统文化是产生并依存于乡村社会中，以农耕文明为基础，以家族文化为核心，基于熟人社会组织起来的，中华民族在长期生产与生活实践过程中创造并世代传承下来的以适应新时代社会发展为基本要求和以实现国家富强、民族复兴、人民幸福为价值追求的所有物质、行为、制度和精神文化的总和。中华优秀传统文化是中华传统文化的精华，是中华儿女在漫长历史长河中淘洗出来的智慧结晶，是维系中国社会长期稳定发展的精神纽带。

中华优秀传统文化内涵丰富，包罗万象，从思想到实物，从宏观到微观，从抽象到具体，涉及各领域、各地域，蕴含着丰富的优秀思想观念、人文精神和道德规范。在中华大地上诞生了天人合一的宇宙观、协和万邦的天下观、和而不同的社会观和人心和善的道德观；形成了讲仁爱、重民本、守诚信、崇正义、尚和合、求大同的核心思想理念；弘扬了志向高远、自强不息、崇德向善、律己修身、尊老爱幼、兄友弟恭、勤俭持家、讲信修睦、亲仁善邻、精忠报国、勤政爱民、秉公执法、见义勇为、扶危济困、尊师重教、敬业乐群、救死扶伤的传统美德；传承了天下为公、民胞物与、民为邦本、公忠爱国、修齐治平、刚毅行健、内圣外王、求同存异、和而不同、文以载道、以文化人、笃学致用、崇贤尚文、生于忧患，死于安乐、常怀远虑、居安思危、知行合一、从容中道、推己及人、情理相协的人文精神。如此源远流长、博大精深的中华优秀传统文化，是涵养社会主义核心价值观的重要源泉。

（二）中华优秀传统文化的主要内容

其一，中华优秀传统物质文化。物质文化是人类发明创造的技术和物质产品的显示存在与组合，是文化要素或文化景观的物质表现方面。中华优秀传统物质文化指为了满足人们生存和发展需要所创造的物质产品及其所表现的文化，主要用于人民日常生活所需的衣食住行等生存基础。包括传统村落、民族村寨、传统民居、传统建筑、宗祠家庙、灌溉工程、服饰用品、传统饮食、传统交通工具、农业遗迹、文物古迹、手工艺品等。

其二，中华优秀传统制度文化。制度文化是人类为了自身生存、社会发展的需要而主动创制出来的有组织的规范体系。中华优秀传统制度文化主要指传统社会生活治理的规章制度，是人民在物质生产过程中所结成的各种有利于传统社会发展的经济、政治、宗教等制度和组织形式以及各种社会关系的总和。包括有助于新时代社会治理的村规民约、社会规范、生产组织方式、伦理规则、宗法礼制等。

其三，中华优秀传统行为文化。行为文化是人们在日常生产生活中表现出来的特定行为方式和行为结果的积淀，这种行为方式是人们的所作所为的具体表现，受制度的约束和导向。中华优秀传统行为文化是人民在社会相互交往中约定俗成的礼俗、民俗及风俗，是中华传统文化的活力所在。包括有利于社会主义精神文明建设的礼仪仪式、祭祀活动、戏曲舞蹈、手工技艺、民俗活动、生活习惯、交往方式、流行风尚、节气节日、文艺表演等。

其四，中华优秀传统精神文化。精神文化是人类在从事物质文化基础生产上产生的一种人类所特有的意识形态，它是人类各种意识观念形态的集合。中华优秀传统精神文化是人们在改造自然及社会过程中产生的思维活动和精神活动的总和，这是中华优秀传统文化的核心内容。包括与社会主义核心价值观相符的思想理论、文学艺术、价值观念、政治意识、民族精神、知识教育、传统美德、宗教信仰、社会理想、社会心理等。

中华优秀传统精神文化蕴含着中华优秀传统文化内涵中最核心的部分。中华民族历史悠久，文化底蕴深厚，在传统社会不仅产生了浩如烟海的经史子集、数不胜数的诗词歌赋，更有以儒家伦理为典范代表并吸收释、道和其他流派思想成果的传统道德；有追求大同、均富安定的社会理想，也有以爱国主义为核心的民族精神。总而言之，传统的价值观念、思想理论和人文精神、伦理道德等狭义上的传统文化在中华优秀传统精神文化中均有体现。

三、高校中华优秀传统文化教育

在经济全球化与文化多元化发展的背景下，培育具有中华优秀传统文化素养的现代型人才对于提升国家文化软实力与建设社会主义文化强国具有重要意义。党的十九届六中全会强调："中华优秀传统文化是中华民族的突出优势，是我们在世界文化激荡中站稳脚跟的根基，必须结合新的时代条件传承和弘扬好。"[1]加强中华优秀传统文化的融入同样符合思想政治教育的内在文化属性，是增进育人亲和力和实效性的关键着力点。中华优秀传统文化融入高校思想政治教育中的"融入"是动词，意指一个事物借助一定的方法手段加入另一事物中，从而贯通融合为一个整体形态。融入过程要求教育主体以人才培养要求为前提，在特定条件下运用各种教育方法手段将二者融合，使中华优秀传统文化教育成为高校思想政治教育的有机组成部分，提升大学生的文化归属感，从而实现以文化人、以文育人的成效。高校中华优秀传统文化教育主要致力于培育青年大学生在践行社会主义核心价值观的同时树立高度文化自信。因此，高校中华优秀传统文化教育内容主要由家国情怀教育、社会关爱教育和人格修养教育三部分构成。

第一，家国情怀教育。家国情怀是指个人对国家具有认同感与归属感并能够通过个人促进国家和社会发展的价值理念。家国情怀的理念在中华优秀传统文化中古已有之，《孟子》中记载："天下之本在国，国之本在家，家之本在身。"从古代的屈原、文天祥到近代的秋瑾等历史人物以及无数的革命烈士，都坚定地将个人与国家命运紧密地联系在一起。国家的基础在于家庭，家庭的基础在于个人。国家与家庭以及个人之间的关系是密不可分的。家国情怀教育以爱国主义精神为核心，从家风家教的养成出发，强调正心诚意与格物致知，以"天下兴亡，匹夫有责"的担当为旨归，在家国一体的认同教育中将个人理想追求与国家社会理想紧密结合在一起，构成了中华民族存续与发展的重要支撑。概言之，家国情怀教育的主要内容包括三点，分别是孝老爱亲的家庭美德教育、匹夫有责的爱国主义教育和家国一体的主体认同教育。

第二，社会关爱教育。所谓社会关爱，就是指个人与自身、个人与他人、个人与社会、个人与自然等诸方面关系的社会关切。中华优秀传

---

① 中共中央关于党的百年奋斗重大成就和历史经验的决议［M］.北京：人民出版社，2021：46.

统文化中强调中庸致和，以自然、社会、人际和自身等各种关系之间的和谐共存为目标，形成了独特的和谐文化。儒家在《论语》中提出："礼之用，和为贵。"就仁德道义而言，又要求人际交往中能够推己及人，实现仁爱共济的社会理想目标。同时，《礼记》中又描绘了"大同社会"的美好蓝图。在人与自然的关系上，道家主张"道法自然"，《周易大传》中提出"天人协调"学说。总而言之，社会关爱教育包括立己达人的关爱他人教育、仁爱共济的关爱社会教育与天人合一的尊重自然教育。在社会转型的关键时期，需要注重对社会关爱教育的开展，以期使大学生在接受中华优秀传统和谐文化的熏陶过程中逐渐成长为良好社会风气的创设者与引领者。

第三，人格修养教育。人格修养即道德修养，是道德活动的表现形式之一。良好的人格修养既是一种道德状态，也是一种指个人以某种理想人格和道德境界为目标要求而在意识与行为上进行实践锻炼的过程。注重良好人格修养的形成一直是中华优秀传统文化所传达的价值导向，儒家提出"义以为上"的主张，认为道德的价值是至高无上的。此外，儒家对人格修养的形成也主张通过"慎独"这一道德自觉与道德自律的方式来达到知耻明礼的效果。王阳明在《传习录》中首次表达了笃实力行的思想主张，他认为："知之真切笃实处即是行，行之明觉精察处即是知。"儒家学派提倡的"内圣外王之道"，更是把理想人格与理想社会的追求相统一，在理想信念中崇善弘毅，以此来完成个人品德的升华。概言之，人格修养教育的主要内容包括知耻明礼的道德修养教育、明辨笃实的价值观念教育、崇善弘毅的理想信念教育这三个方面。将中华优秀传统文化中蕴含的德性观与大学生思想政治教育内容融会贯通，这是培养德智体美劳全面发展的社会主义建设者和接班人的不二法门。

第三节　高校思想政治教育概述

思想政治教育是中国共产党的优良传统、鲜明特色和突出政治优势，在社会主义革命、建设、改革时期发挥了重要的作用，是党的一切工作的"生命线"。中国共产党百年征程中对思想政治教育的探索有一个发展的过程。在新中国成立之前，尽管党有思想政治教育实践活动，但并没有明确提出思想政治教育概念；在新中国成立初期，尽管使用了思想政治教育概念，但没有形成思想政治教育理论；在社会主义改造基本完成以后，党提出思想政治教育理论，但没有提升到科学和学科的层面进行研究；改革开放以后，思想政治教育被提升到科学的高度从学科层面进行探索，形成思想政治教育专业和学科，但也存在领域化、部门化的问题；新时代思想政治教育在总结党思想政治教育百年探索经验与教训的基础上，实现了理论与实践的升华与创新发展。

一、高校思想政治教育的内涵

高校思想政治教育的创新发展不是追求形式上花哨、场面上热闹，而是要遵循规律、科学推进，在育人上有实效。高校思想政治教育创新发展的根本任务是立德树人、铸魂育人，培养担当民族复兴大任的时代新人，培养德智体美劳全面发展的社会主义建设者和接班人。高校思想政治教育改革创新，必须始终聚焦这一根本任务，充分挖掘、发挥其思想引领、政治引领、价值引领和道德教育的功能，以习近平新时代中国特色社会主义思想指引大学生成长成才，自觉承担起新时代赋予的责任和使命，实现人生价值。

（一）思想政治教育的内涵

思想政治教育是中国共产党在进行思想政治教育理论建设和实践探索中提出和使用的，从历史线索和逻辑发展来看，这一概念的形成大致经历了"政治工作—政治思想工作—思想政治工作—思想政治教育"的历程。1984 年我国高校成立了思想政治教育专业，思想政治教育学科建设开始起步，对思想政治教育的内涵、本质、特征等的分析也随之展开。研究者们从不同视角阐述了对思想政治教育的认识，具有代表性的主要观点见下表。

学界对"思想政治教育"的代表性观点一览表

学　者	主要观点	来源及时间
陆庆壬	是一定的阶级或政治集团，为实现一定的政治目标，有目的地对人们施加意识形态的影响以期转变人们的思想，进而指导人们行动的社会行为	《思想政治教育学原理》，复旦大学出版社 1986 年版
邱伟光	培养、塑造一定社会新人思想道德素质的教育实践活动，包括思想教育、政治教育、道德教育	《思想政治教育学概论》，天津人民出版社 1988 年版
王礼湛	是社会有组织地定向引导人们形成符合特定社会和时代以及人类自身发展要求的思想政治观点和行为品格的教育工程	《思想政治教育学》，浙江大学出版社 1989 年版
李　春	是研究人们的社会主义、共产主义思想、意识和道德品质形成，发展的规律以及如何按照这些规律实施教育的科学	《高校思想政治教育概论》，河北教育出版社 1989 年版
陆庆壬	是受政治制约的思想教育，是侧重于思想理论方面的政治教育，是思想教育与政治教育互相交叉、互相渗透、互相结合并融为一体的社会实践活动	《思想政治教育学原理》，天津人民出版社 1991 年版
邹学荣	一定的阶级、政党或社会群体，为实现一定的政治目标，用本阶级的思想去教育人们和转变人们与本阶级相反的思想，进而指导他们行动的教育实践活动	《思想政治教育学》，西南师范大学出版社 1992 年版
陈秉公	一定的阶级或政治集团，为了实现其政治目标和任务而进行的，以政治思想教育为核心和重点的思想、道德和心理综合教育实践	《思想政治教育学》，吉林大学出版社 1992 年版
张耀灿、郑永廷等	是指一定的阶级、政党、社会群体用一定的思想观念、政治观点、道德规范，对其成员施加有目的、有计划、有组织的影响，使他们形成符合一定社会、一定阶级所需要的思想品德的社会实践活动	《现代思想政治教育学》，人民出版社 2001 年版

学　者	主要观点	来源及时间
郑永廷	是一种有目的性、具有超越性的实践活动，这种实践活动随着社会的发展和人们的主体性的增强，其作用越来越重要。思想政治教育在社会生活中，是一种多属性、多因素的特殊活动	《论思想政治教育的本质及其发展》，《教学与研究》2001 年第 3 期
秦在东	一定的社会政治集团或政治组织机构，为实现其特定的政治目标，通过一定的精神方式和相应的物质载体，对所辖区域内的民众施加有计划和有组织的意识形态影响，使之具备较高思想政治素质的社会教育活动	《思想政治教育管理论》，湖北人民出版社 2003 年版
王　勤	一定的阶级或政治集团，为实现一定的政治目的，有目的地对人们施加意识形态的影响，以期转变人们的思想，塑造人们的品德，进而指导人们行为的社会实践活动	《思想政治教育学新论》，浙江大学出版社 2004 年版
孙其昂	一定政党或集团组织开展的，对所属成员进行以政治为核心的思想教育，培育新人，动员大家为当前和长远目标而奋斗的社会实践活动	《思想政治教育学基本原理》，河海大学出版社 2015 年版

　　从上述各种对思想政治教育的界定中，学者至少在几个问题上基本达成了一致。一是思想政治教育是一种社会实践活动或教育实践活动，是将理论与实践相结合的教育活动；二是思想政治教育具有意识形态性，是一定社会或国家的意识形态教育，因而也具有了阶级性；三是思想政治教育具有目的性，是为了巩固上层建筑、促进社会进步和人的全面发展而开展的活动。

　　2004 年，中共中央和国务院联合发布的《关于进一步加强和改进大学生思想政治教育的意见》(以下简称《意见》)指出，加强和改进大学生思想政治教育，提高他们的思想政治素质，把他们培养成中国特色社会主义事业的建设者和接班人，事关党和国家的长治久安，事关中华民族的前途命运，需要从全局和战略的高度进行把握。《意见》提出，加强和改进大学生思想政治教育工作，必须坚持以马克思列宁主义、毛泽东思想，邓小平理论和"三个代表"重要思想为指导，全面落实党的教育方针，以理想信念教育为核心、以爱国主义教育为重点、以思想道德建设为基础、以大学生全面发展为目标，明确了大学生思想政治教育的主要任务。

2005 年 12 月 23 日发布的《国务院学位委员会　教育部关于调整增设马克思主义理论一级学科及所属二级学科的通知》指出：思想政治教育是运用马克思主义理论与方法，专门研究人们思想品牌形成、发展和思想政治教育规律，培养人们正确世界观、人生观、价值观的学科。新时期对"思想政治教育"及其学科概念的准确把握最终以文件的方式在全社会范围内统一起来。

（二）高校思想政治教育的内涵

进入新时代，习近平总书记从战略定位、目标任务、优良传统、价值立场等不同视角和格局对大学生思想政治教育作出了重要论述，提出了一系列新理论新思想新观点，系统回答了高校思想政治教育的方向性、根本性、战略性、全局性问题，明确了思想政治教育的重要领域和关键环节，为新形势下高校加强大学生思想政治教育明确了重要指向，提供了基本遵循，进一步凸显了高校思想政治教育的战略地位。高校思想政治教育是党的教育事业的保证，是人才培养的保障和社会和谐稳定的基石。习近平总书记指出："高校思想政治工作关系高校培养什么样的人、如何培养人以及为谁培养人这个根本问题。"[1] 这一重要论述着眼于新时代高校思想政治教育的全局，表达了高校思想政治教育的理论精髓和核心要义。从立足于"两个一百年"和中华民族伟大复兴的高度、从确保中国特色社会主义事业后继有人和兴旺发达的角度描绘了高校思想政治教育的宏伟蓝图，并以此为基点对高校思想政治教育作出了全面部署，对大学生思想政治教育提出了更高的战略定位。

进一步明确了高校思想政治教育的目标任务。高校立身之本在于立德树人，立德是基础，树人是核心，二者辩证统一、良性互动。"思想政治工作从根本上说是做人的工作，必须围绕学生、关照学生、服务学生不断提高学生思想水平、政治觉悟、道德品质、文化素养，让学生成

---

① 习近平谈治国理政：第 2 卷［M］. 北京：外文出版社，2017：376.

为德才兼备、全面发展的人才。"① 高校思想政治教育坚守为党育人的初心和为国育才的立场，要始终做到以学生为中心，这是为人民服务、为民情怀和人民至上的价值取向在教育领域的重要体现。立德树人的目的在于"培养德智体美劳全面发展的社会主义建设者和接班人"和"努力培养担当民族复兴大任的时代新人"，"五育并举"和"时代新人"的提出也使得高校思想政治教育目标任务更加全面，育人体系更加完善。

进一步强调了高校思想政治工作"生命线"的优良传统。习近平总书记指出："思想政治工作是学校各项工作的生命线，各级党委、各级教育主管部门、学校党组织都必须紧紧抓在手上。"② 历史和实践证明，高校抓住了、抓好了思想政治教育工作，就能沿着正确的方向前进，保证社会主义办学方向不走错，培养人的问题不走偏；忽视了、放松了思想政治教育工作，就会迷失方向，误入歧途，走向歪路。走进新时代，面对新形势和新任务、新情况和新变化，高校思想政治教育只能加强不能削弱，只能前进不能停滞，只能积极作为不能被动应对。切实加强和改进思想政治工作，必须将其贯穿于教育教学全过程，实现全员育人、全程育人和全方位育人。

进一步表达了高校思想政治教育的价值立场。坚持社会主义方向是我国教育最鲜亮的底色。古今中外，每个国家都是按照自己的政治要求培养人的，世界一流大学都是在服务自己国家发展中成长起来的。我国独特的历史、独特的文化、独特的国情，决定了我国必须走自己的高等教育发展道路，扎实办好中国特色社会主义高校。这就要求高校思想政治教育要牢牢把握社会主义办学方向，坚持马克思主义指导地位，全面贯彻党的教育方针，坚持为人民服务，为党育人，为国育才，巩固和发展中国特色社会主义，深入推进改革开放和社会主义现代化建设，培养一代又一代具有崇高理想信念和坚定政治立场，立志为共产主义奋斗终身的德才兼备的高素质人才。

① 习近平著作选读：第 1 卷［M］．北京：人民出版社，2023：540.
② 习近平．论坚持党对一切工作的领导［M］．北京：中央文献出版社，2019：279.

二、高校思想政治教育的主要内容

教育内容是对教育目标的具体化展开，为实现新时代高校思想政治教育根本目标和具体目标，必须实现内容上的与时俱进。

（一）针对新时代高校思政工作者的思想政治教育的内容

高校思政工作者是对大学生开展思想政治教育的中坚力量，主要包括思想政治理论课教师和辅导员两支队伍。这两支队伍建设是一项事关党和国家事业发展和中国特色社会主义事业后继有人的战略工程。

高校思政工作者的师德师风教育具有不同于专业课教师的特殊性，这种特殊性在本质上来源于思想政治教育作为一种特殊教育实践的独特性。相较于专业课教师，高校思政工作者必须始终把培养坚定的理想信念放在首位，这不仅是对他们自身素质的内在要求，更是他们胜任思想政治理论课教学岗位或学生工作管理服务岗位的必备条件。基于此，高校思想政治理论课教师必须坚持把完善自我与教书育人结合起来，不仅高标准要求自己，还要以自身的学识素养教育学生，以高尚的人格魅力感染学生，切实提高思政课主阵地的实际育人效果。高校辅导员必须把完善自我与管理育人、服务育人、心理育人、文化育人、实践育人、网络育人、组织育人结合起来，切实提高日常思想政治教育的实际育人效果。与此同时，高校思想政治理论课教师还要与高校辅导员队伍形成协同效应，努力提升新时代中国特色社会主义事业建设者和接班人的培养质量，在实现育才梦的过程中实现自己的人生价值。

（二）针对大学生的思想政治教育的内容

大学生是我国高等教育事业服务的基本主体，也是新时代高校思想政治教育的重要对象。针对新时代大学生的思想政治教育内容是新时代高校思想政治教育必不可少的关键内容，在新时代高校思想政治教育内容体系中占据核心地位。党的十八大以来，以习近平同志为核心的党中央围绕着加强新时代高校思想政治教育提出了一系列重要论述，形成了一系列时代特色鲜明、民族特色凸显、教育目的明确的思想政治教育内容。

其一，中国梦教育。实现中华民族伟大复兴的中国梦，是当前中国社会发展的宏伟目标，中国梦承载着全体中华儿女共同的价值追求，具有强烈的精神凝聚作用。加强对大学生的中国梦教育，是新时代高校思想政治教育的首要任务。对大学生开展中国特色社会主义和中国梦教育，有利于激发广大青年投身新时代中国特色社会主义伟大事业的建设征程，为实现国家富强、民族振兴和人民幸福注入最具新鲜与活力的奋斗力量。

其二，"四个自信"教育。"四个自信"是指中国特色社会主义道路自信、理论自信、制度自信、文化自信。坚定"四个自信"，是新时代中国特色社会主义事业的合格建设者和可靠接班人的必备素质。加强对大学生的"四个自信"教育，是新时代高校思想政治教育的基本任务。对大学生开展"四个自信"教育，有利于激发并深化大学生对中国特色社会主义道路、理论、制度和文化的认同，并进一步转化为他们立身处世的行动指南。

"四个自信"教育是新时代高校立德树人的基本任务，关乎中国特色社会主义事业合格建设者与可靠接班人的培养目标。2016 年 12 月，全国高校思想政治工作会议召开，习近平总书记强调："要坚持把立德树人作为中心环节，把思想政治工作贯穿教育教学全过程，实现全程育人、全方位育人，努力开创我国高等教育事业发展新局面。"[①]此次会议明确指出，当代高校应培养大学生"四个自信"的重要内容，落实好培养社会主义接班人的光荣任务。

其三，社会主义核心价值观教育。核心价值观承载着一个民族、一个国家的精神追求，是最持久、最深沉的力量。加强对大学生的核心价值观教育，是新时代高校思想政治教育的关键任务。对大学生开展核心价值观教育，有利于促进社会主义核心价值观成为他们的基本价值遵

---

① 习近平谈治国理政：第 2 卷 [M].北京：外文出版社，2017：376.

循，并在社会生活中进一步倡导和践行社会主义核心价值观。

培育与践行正确的价值观，对于大学生的成长与成才至关重要，大学生处在价值观形成和确立的关键时期，抓好这一时期的价值观养成十分重要。习近平总书记曾经做过一个形象的"扣扣子"比喻，将青年阶段的核心价值观养成比喻成穿衣服扣扣子，倘若人在青年时期没有养成正确的价值观，那么他的人生之路也会误入歧途，生动体现了社会主义核心价值观对于广大青年成长成才的关键作用。

三、高校思想政治教育的特征

事物的本质特征决定事物的性质，并形成这一事物区别于其他事物的特征。新时代高校思想政治教育的本质对高校思想政治教育的特征起决定作用。深刻认识高校思想政治教育的特征，是做好高校思想政治教育工作的前提和关键。高校思想政治教育的特征主要有以下四个方面。

（一）鲜明的政治属性

高校思想政治教育的本质之一是培养国家需要的时代新人，这个本质本身就决定了高校思想政治教育具有鲜明的政治属性，即坚持用马克思主义基本原理和社会主义教育全体社会成员，培养堪当民族复兴大任的社会主义建设者和接班人。这就要求必须始终坚持正确的政治方向，牢牢掌握意识形态的领导权、管理权和话语权。高校思想政治教育的政治属性主要体现在以下三个方面：

其一，阶级性。思想政治教育是阶级和阶级意识的产物。它产生于并只能产生于阶级社会，其主要内容是阶级思想和阶级意识，其主要形式是各阶级有意识地将本阶级思想政治观念灌输于本阶级成员，其目的和归宿是服务阶级，实现阶级利益。其二，政治动员性。政治动员作为一种实践活动早已存在，更是近现代进行战争的必要手段。任何阶级或集团要想赢得战争，首先要开展政治动员，以解决人心向背问题，稳固后方大本营。只有充分开展政治动员活动，才能凝聚人心，汇集力量，达到一致对外的目的。其三，社会控制性。自从国家形成之后，在国家权力的行使过程中，少不了强有力和权威的思想政治工作。思想政治教育便应运而生，在国家权力的支持下，运用自身的权威性开展教育活动，以服务于政权巩固、制度完善和社会的有序发展。思想政治教育通过建构和传播主流意识形态引导和控制社会思想秩序。社会能够获得有序化发展，人民群众能够齐心协力共同奋斗的关键，在于要有一个有序的社会思想。一个群体、一个社会的精神文化生活要从混乱失序走向合理有序，主要在于主流意识形态的规约和引导。

（二）深厚的人文底蕴

高校思想政治教育的本质之一是满足个体对美好生活的向往，个体对自由全面发展的需要。这就决定了高校思想政治教育具有深厚的人文底蕴。高校思想政治教育的人文底蕴主要体现在思想政治教育的目标、内容、过程三个层面。

当前，高校思想政治教育的重点，已经不是解决青年要不要爱国、要不要奉献、要不要加强修养的问题，而是要着力解决新时代青年如何爱国、如何奉献、如何加强修养的问题。人文精神，就是在特定时代背景下，一种普遍的人类自我关怀，表现为对人生价值的审视，对"人应当如何生活""人之为人的价值标准"等一系列命题的自我意识和对一种全面发展的理想人格的肯定和塑造。在理论内化过程中，思想政治教育突出受教育者的主体地位，受教育者在教育者引导下，充分发挥受教育者的自主性，进行自主学习、自主选择和自主建构的内化过程，结合各种生动活泼的教育方式推动思想道德素质和政治信念的形成和提高。在外化应用过程中，思想政治教育突出教育者的主导作用，面对不同个体外化应用表现的差异，尤其是在外化过程中遇到困难的个体，教育者要进行有差别有针对性的指导和建议，适时进行心理疏导教育。

（三）丰富的理论蕴含

马克思主义永远是高校思想政治教育的鲜亮底色。历史和人民的选择要求思想政治教育的政治底色必须是也只能是马克思主义。在 2018

年纪念马克思诞辰 200 周年大会上，习近平总书记从历史和时代角度，深情缅怀了马克思伟大光辉的一生，深刻阐释了马克思主义的科学体系、丰富内涵及其对人类社会发展的巨大历史贡献，系统阐释了新时代中国共产党人是如何学习和实践、坚持和发展马克思主义的。中国共产党创办高等教育的成功历史经验证明，只有党牢牢把握高校正确的办学方向，掌握高校思想政治工作的主导权，确保马克思主义在高校意识形态领域的主导地位，才能办好社会主义大学。

以文化人、以文育人是高校思想政治教育的重要方向，这就要求高校思想政治教育要提高教育质量，重视人文教育、隐形教育，注重精神成长和思想提升，坚持潜移默化、润物无声，从而提升人的思想觉悟、精神境界和综合素质，实现个体全面发展。从以文化人的前提来看，中华优秀传统文化、革命文化和社会主义先进文化是高校思想政治教育运用以文化人的根本前提。中华民族优秀传统文化是以文化人的根，革命文化是以文化人的魂，社会主义先进文化是以文化人的方向。

（四）突出的实践导向

高校思想政治教育的出发点是着眼人的发展，它的内容根据时代条件的变化不断丰富，这就决定了高校思想政治教育具有鲜明的实践指向。思想政治教育是一种实践活动，是社会或某一群体用一定的思想观念、政治观念、道德观念对其成员施加有目的、有计划、有组织的影响，使他们形成符合一定社会或阶级需要的思想品德的实践活动。对于以塑造青年主客观世界为使命的高校思想政治教育来说，必须结合不同时期的实践活动，顺应时代发展推进理论创新。这就要求高校思想政治教育必须坚持问题导向，把握时代脉搏和人民需求。坚持问题导向，就是以思想政治教育实践中遇到的问题为出发点，最后应用于现实的问题。进入新时代，高校思想政治教育肩负起新的重要任务，也会面对多重挑战，如高校思想政治教育的亲和力不足、针对性不明显、各种新媒体对青年价值观产生的负面影响等。要化解这些难点，需要关注问题自身，要立足实践，分析问题、解决问题，在此基础上开展理论创新和实践创新。这也需要高校思想政治教育树立全局观念，发挥辩证思维，从国际的视野、历史的视角，着眼于高校思想政治教育实践，关注青年思想政治素质和道德观念的变化历程和提升过程。

四、新时代高校思想政治教育的基本要求

思想政治教育的基本要求，是指在思想政治教育过程中，正确处理各种关系、矛盾必须遵循的基本准则，它是人们依据思想政治教育的客观规律，在总结思想政治教育实践经验的基础上而形成的思想政治教育的基本法则或标准，具有辩证性、整体性、层次性等特征。新时代高校思想政治教育的基本要求对思想政治教育性质和内容具有决定作用，对思想政治教育活动具有规范和保障作用，保证高校坚持以立德树人为根本任务，牢牢把握培养什么样的人、如何培养人以及为谁培养人这个根本问题。

（一）理论与实践相结合

理论与实践相结合的原则，是马克思主义的基本原则之一，体现了认识与实践相统一、矛盾的普遍性和特殊性相结合的马克思主义的辩证唯物主义原理，是马克思主义哲学在无产阶级政党作风上的生动展现，它是中国共产党一贯坚持的正确思想路线。理论与实践相结合的要求，不仅是学校思想政治理论课改革创新必须遵循的基本要求，也是新时代高校思想政治教育发展实践必须遵循的基本要求。

新时代高校思想政治教育坚持理论与实践相结合的基本要求，就要以党的基本理论为指导，全面贯彻党的教育方针，遵循思想政治教育的本质和规律，探寻新时代大学生成长的规律，以对接社会、服务社会为主要内容，以丰富多彩的活动为载体，以稳定的实践基地为依托，以建立长效机制为保障，鼓励大学生走出校门，到基层历练，与群众交流，掌握社会实际情况，开展教学实践、专业实习、军政训练、社会调查、生产劳动、志愿服务、公益活动、科技发明和勤工助学等，在实践中受教育，提升综合素质，为社会做贡献，树立正确的世界观、人生观和价

值观，努力成长为堪当民族复兴重任的时代新人。

（二）主导与多样相结合

主导与多样相结合的要求反映了思想政治教育内容宣传和教育的基本准则，体现了思想政治教育的本质特征。所谓主导，即思想政治教育的内容体现了思想政治教育的方向和性质，属于思想政治教育的主导部分，充分体现了统治阶级的阶级意志和主流价值取向。所谓多样，是指根据教育对象的要求，继承、借鉴、发展古今中外思想政治教育及相关理论知识中的优良传统和有益经验，它包括优良传统文化教育、西方进步学者的思想成果、现代科学文化成果，反映了思想政治教育内容的包容多样性，它也包含针对不同教育对象的不同情况而实施的教育内容的灵活性。主导与多样相结合的原则体现了思想政治教育的性质和本质。

坚持主导和多样是相辅相成、辩证统一的，应把教育内容的主导性和多样性结合起来。首先，要坚持主导前提下的多样。在选择思想政治教育内容时，应以主导性为前提和根本，保持思想政治教育的目标方向。离开教育内容的主导性，思想政治教育的性质将发生改变。同时，在坚持主导的前提下，应坚持多样性，作为思想政治教育的有益补充，又避免思想政治教育的单一和枯燥。其次，应坚持多样中的主导。随着时代发展和知识文化的开放交流，多样性的教育内容空前增加，在坚持多样性的同时，各个国家都会将维护本国统治阶级的利益和意识形态的安全作为前提和标准，确保思想政治教育的主导地位。

（三）教育与自我教育相结合

教育与自我教育相结合的要求，就是在思想政治教育中，既要发挥教育者的主导作用，又要发挥受教育者的主体能动作用。思想政治教育离不开教育者的主导，同时应根据受教育者的认知规律和思想品德形成规律，发挥他们的主体性作用。

新时代高校坚持教育与自我教育相结合的要求，需充分调动和发挥大学生自我教育的积极性、主动性。大学生文化水平较高、民主参与意识突出、自我管理能力较强，在思想政治素质的培养和成长成才的过程中更应体现自身的主动性、自觉性和参与性。要积极为大学生开展自我教育创造条件，指导和帮助他们在完成学业的同时提高自身思想政治素质，增长才干，全面发展。要加强学生骨干培养，发挥其在学生思想政治教育中的榜样带动作用。要鼓励优秀研究生担任本科生的兼职辅导员、班主任，发挥他们在本科生思想政治教育中的积极作用，引导他们在育人过程中加强自我教育。要注重表彰和宣传大学生中的先进典型，努力营造学生自我教育的良好环境和氛围。

（四）解决思想问题与解决实际问题相结合

解决思想问题与解决实际问题相结合，是我党思想政治教育的优良传统，也是新时代高校思想政治教育的宝贵经验。它是指在思想政治教育过程中，既讲道理又办实事，既以理服人又以情感育人，增强思想政治教育的实际效果。

在新时代，大学生的成长环境发生着深刻变化：一方面，党和国家的中心任务为大学生提出完成时代使命的期望，由于世界百年未有之大变局，我国会面对一些新兴风险与挑战，这需要学生全面提高综合素质；另一方面，由于社会主要矛盾发生变化，大学生期望自身有更好的发展，但是由于现实挑战，他们在思想上会出现迷茫和忧虑，需要学校在解决他们思想困惑的同时，帮助他们解决面临的现实难题。高校要积极建立校方与大学生之间交流沟通的渠道，及时发现他们的实际问题，并积极创造条件，努力帮助他们解决经常面对的各种困难，为他们提供更多关怀。要关注大学生的学习、实践和生活条件的改善，对于家庭条件较为困难的学生，应为他们提供良好的就业创业服务，帮助他们树立正确的择业观和就业观。要鼓励他们自主创业，引导他们结合社会发展需要和自身兴趣专长，到基层、西部和国家重点行业去建功立业。要鼓励他们勇做时代的弄潮儿，在为人民利益的不懈奋斗中书写人生华章。

第二章

中华优秀传统文化的思想精华和时代价值

习近平总书记指出："中华民族形成了伟大民族精神和优秀传统文化，这是中华民族生生不息、长盛不衰的文化基因，也是实现中华民族伟大复兴的精神力量，要结合新的实际发扬光大。"① 当代中国历史进程，实现中华民族伟大复兴势不可当，在这个过程中中华优秀传统文化发挥了举足轻重的作用，为之积累了磅礴不绝的精神力量。毫无疑问，中华优秀传统文化是中华民族经久不衰的强大精神支撑。中华文明历经五千余年，也孕育了中华优秀传统文化，其包含着中华民族的文化基因，也塑造了中华民族的精神家园。中华优秀传统文化始终保留着我们这个民族的底色，是世界上唯一从未断绝、傲然传承至今并不断展现生机活力的古老文明，这种连续性的特征主要源自中华优秀传统文化本身的特性。中华优秀传统文化积累了从古至今中华民族在开拓家园的过程中体现的深邃精神活动、审慎的理性思考、制造的文明成果，凝结着全体中华儿女的精神追求，展现着中华民族高昂的精神风貌，蕴含了中国人最基本的文化基因，是中华民族有别于其他民族的独特标识。在历史发展中，中华优秀传统文化讲求人际关系的仁爱之情、以民为本、注重信誉、尊崇正义、以和为贵、追求大同世界，却从不故步自封，积极汲取世界多元文化其中有益的思想，文化交流共融促进了中华优秀传统文化在新的时代焕发生机，其蕴含的思想观念、人文精神、道德规范，不仅是中国人思想和精神的内核，对解决人类问题也有重要价值。中华优秀传统文化对坚定文化自信、赓续文化根脉至关重要。中国特色社会主义是前无古人的伟大事业，更需要我们坚定文化自信，只有坚定文化自信

---

① 习近平关于社会主义精神文明建设论述摘编［M］.北京：中央文献出版社，2022：233.

才能够在大变局的当代历史中获取广泛、内在、深厚的自信。可是，我们的文化自信从何而来？对此，习近平总书记明确指出，我们坚定文化自信的坚实根基和突出优势，就在于中华优秀传统文化。中华优秀传统文化所包含的时代价值，其实已经蕴含着当代人类所需要解决问题的重要启示。讲好中国故事，中国和中国人民在世界舞台上的国家名片，屹立于世界民族之林的根本遵循，都离不开中华优秀传统文化。

第一节　中华优秀传统文化的内在逻辑

"以古人之规矩，开自己之生面。"习近平总书记要求："深入挖掘和阐发中华优秀传统文化讲仁爱、重民本、守诚信、崇正义、尚和合、求大同的时代价值，使中华优秀传统文化成为涵养社会主义核心价值观的重要源泉。"[1]习近平提出这 18 个字、六个方面的思想，不论过去还是现在，都有其永不褪色的价值。中华优秀传统文化深深根植于中华民族精神的世界，亦是中国特色社会主义得以茁壮成长的深厚沃土。推动中华优秀传统文化在新的历史背景下创造性转化、创新性发展，不断吸收中华优秀传统文化的思想精髓，丰富时代内涵、激发内在活力，都必须坚持以习近平新时代中国特色社会主义思想为指导，为中华民族伟大复兴的实现提供强大精神力量。

中华优秀传统文化的思想精华不仅蕴含深邃的内在特质、足以为世界所借鉴的价值理念，还蕴含着与其他文明有别的鲜明特色。中华优秀传统文化是中华民族传承和发展的根本起源与灵魂命脉，它承载着民族的精神和文明，不仅具有深厚的历史底蕴，还具有时代价值和传承意义。

① 习近平关于社会主义精神文明建设论述摘编［M］.北京：中央文献出版社，2022：213.

一、中华优秀传统文化的精神特质

从中国古代对于事物的认知来讲，正如孟子所言："夫物之不齐，物之情也。"此言表达了事物的独特性是客观存在的，"不齐"（不同）是事物客观固有的存在状态。同样，晏婴的"若以水济水，谁能食之？若琴瑟之专一，谁能听之"的"和同之辩"也表明，事物的多样性与差异性是事物存在的客观表现。因此，"不同"是世间万物的客观存在状态，也正是因为有物之"不同"，世界才奥妙无穷，正是有万事万物之间的多样性与差异性的交相辉映才铸就了世界的生机和活力。

从广义的哲学层面而言，"和"而"不同"蕴含着矛盾辩证的哲学思想。世间万物之"和"体现了矛盾具有同一性，而世间万物独特之"不同"则体现矛盾具有斗争性。因此，中国古人早已认识到"不同"存在的客观性，表明事物与事物之间的"不同"是不以人之意志为转移的，是绝对的和无条件的，亦是"和"得以成立的前提条件，没有万事万物的"不同"就不可能有万事万物的"和"谐共生。

在自然科学的视角中，正是由于万事万物独有其物质特性，并且它们相互之间影响、相互之间彼此作用，才共同构成了丰富多彩的自然世界；在社会科学视角中，世界各国正是由于不同的政治体制、经济制度、历史渊源、文化特性等才共同构成了现代意义上的全球世界，从而为构建现代意义层面上的人类命运共同体提供了广泛的基础。总而言之，从"和而不同"来考察审视人类命运共同体，需要着眼于世界各国的政治体制、经济制度、历史渊源、文化特性等"不同"的深层次作用。

"和而不同"的价值追寻以"和"为目标，追求事物与事物之间的整体和谐性。在中国古代所流传下来的典籍中，"和合"思想遍布其中，所体现的共同特征为整体性，并且凝结为中华民族的精神特质。从"夫和实生物，同则不继。以他平他谓之和，故能丰长而物归之，若以同裨同，尽乃弃矣"到"若以水济水，谁能食之？若琴瑟之专一，谁能听之"的事物生成原则；从"致中和，天地位焉，万物育焉"的万物化生到"万物并育而不相害，道并行而不相悖"的万物共育；再到"万物各得其和以生"的万物相和；从"君子和而不同，小人同而不和"的个人修养到"各美其美，美人之美，美美与共，天下大同"的理想社会实现之道等，都体现了中国历代哲人追求和睦，但不求一致的思想。古老的中国在经过漫长的历史演进后，虽然经历了不同时代的社会经济文化环境、多种形态的政治气候而导致历代思想家"和合"的表现形式有所不同，但其实都是为了强调以整体性在人、家、国三个层面的"和合"思想。

"和而不同"是中华优秀传统文化的一个经典理念，蕴含着丰富的历史底蕴。社会观是人们对自己生活在其中的社会及其历史发展的总体看法和观点。春秋时期，儒家创始人孔子明确提出"和而不同"的社会观。孔子云："君子和而不同，小人同而不和。"宋代朱熹的"和而不同，执两用中"，意思是要看到事物矛盾对立的两个方面，在矛盾的对立中寻求统一，在矛盾的统一体中，虽然矛盾双方的观点、意见有所不同，但是矛盾双方依然能够和谐相处。儒家和而不同的社会观，还集中表现在对待不同民族文化的态度等层面上，即不同民族文化之间应以开放包容的姿态进行平等交流与有机融合。

二、中华优秀传统文化的价值理念

自古至今，"和"作为中华优秀传统文化的内在特质表现着中华民族对于国家和平富强、家庭和睦、个人和气的多层次追求目标，但中华传统文化的价值理念则呈现出多样性的特征。仁义毫无疑问是中国传统文化的价值理念，对忠孝、智勇、诚信、廉耻、勤俭等其他价值理念具有统领作用。中国自殷商灭亡，大多数历史时期没有全国统一信奉的国教，而仁义既是基本价值理念，又发挥着统一思想的功能，是整个国家的核心价值。但中国传统价值理念又不限于仁义，其在仁义基础上由内心而行为、由个人而群体，形成了下列五组基本价值。仁义与这五组基本价值构成了中国传统文化核心价值理念。

其一，孝与忠。孝是以血缘亲情界定个人和团体内在伦理属性、规范人际关系的价值准则，是人伦规范的核心。在家庭领域，孝不仅是指子女对父母的孝敬，还包括父义、母慈、子孝、兄友、弟恭等内容。扩展到更大的社会空间，孝不仅是独爱其亲的私爱，还包括"老吾老以及人之老，幼吾幼以及人之幼"的群体"博爱"。忠在字形上从心，中声，原指心态中正、立正纠错，作为道德概念，指为人正直、诚恳厚道、尽心尽力；后指对他人、对团体尽心任事，不懈于责任，忠于国家、忠于职守。忠是孝的进一步扩展，是建立在家的基础之上的社会群体认同与责任，但在古代君主集权体制下，特别是明王朝以后，忠和孝都被片面化，仅仅强调臣民对君主的愚忠，而节略了君主遵从仁义的天道。在当代伦理价值体系中，基于国家对公民的保障，国家作为人民当家作主的政治法律共同体，公民对国家的忠诚源于政治法律责任，同时也源于伦理情感。忠孝是相互维系的伦理价值规范，两者互相促进、相辅相成，是我们当代爱国、爱家的伦理基础。没有忠孝，其他伦理价值都失去了养成的基础。

其二，智而有勇。智是整个伦理价值系统的智识支持，其内涵包括了对情感的理性控制，对行为的成本与功利的权衡、行为方式的技巧把握，其终极价值在于个人长远的、社会整体的利益最优化。中国古代在个人、社会和国家层面都不同程度地推动智识的发展：在社会层面注重家庭教化，注重兴办学校，并把家庭教化、学校教育作为衡量地方发展的重要指标；在国家层面，设立选举制度，隋朝以后发展定型为以科举制为主体的考试选拔制度体系。勇在字义上从力，甬声，是行动力、决心、意志的体现，是实现其他伦理价值的力量保障。儒家并不崇尚智与勇，而注重事功的法家和兵家，多智勇并重，其认为唯有智勇结合才能实现正义和美德，去除社会污秽而实现善治。自明朝以后，专制政府为维护社会稳定，很大程度上背弃了教化、教育以人为本的宗旨，在科举考试中以八股取士，专以"四书五经"为教条，泯灭士人的创造性，扼杀知识上的创新；并且重文轻武，忽略对人民勇武精神和技能的培养。

其三，诚信奉法。《管子·枢言》有言："诚信者，天下之结也。"许慎《说文解字》对诚信的解释是："诚，信也。""信，诚也。"基本含义都是诚实无欺，信守诺言，言行相符，这是为人的基本伦理规范。《孟子·离娄上》也曾讲道："诚者，天之道也；诚之者，人之道也。"诚信是做人必须遵循的，也是社会稳定秩序的伦理基石。奉法，源自法家的学说，是指每个人都要自觉遵守各种法纪，包括强制力较弱的软性规范和强制力较强的硬性规范。奉法不仅是外在的服从、畏惧法纪，而且是信奉并能自觉遵守各项法纪。诚信与奉法两者的结合，要求从内心到行为都能表里如一地履行自己的责任、遵守公共规范。诚实奉法对国家机关及其公职人员有更高的要求——不仅不能利用公权力进行欺诈，而且要做诚信奉法的表率。

其四，廉而明耻。廉耻关乎人格之尊严，与社会风尚、国家秩序关系甚大。顾炎武曾说："廉耻，立人之大节；盖不廉则无所不取，不耻则无所不为。人而如此，则祸败乱亡，亦无所不至；况为大臣而无所不取，无所不为，则天下其有不乱，国家其有不亡者乎？……人之不廉，而至于悖礼犯义，其原皆生于无耻也。故士大夫之无耻，是谓国耻。"廉耻首先是为人的基本伦理操守，不知廉耻则迷失于财货，无所不欲，无所不取，无所不为，祸乱他人，也戕害自身；对于有权位者，不能惕守廉耻之防，则不仅有亏职守，甚而丧败国格。当代社会之风清气正、国家法纪昌明，需要每个公民深明廉耻，不能以伸张一己之权益而无所不为；特别是国家公职人员，更需要廉而明耻，知所戒惕。

其五，勤俭戒奢。中国古代社会有"四海无闲田，农夫犹饿死"的诗句，反映了一个大国的资源和财富相对于庞大人口需求都显得匮乏不足，因而勤劳开源、节俭节流对于个人、家庭、国家来说都是生存与发展的重要伦理规范。中国古代的善治盛世，不仅每个劳动者、每个家庭都注重勤劳节俭，纵然君王贵族也特别以此相约束。唐贞观时期的名臣魏征曾劝谏唐太宗："上之所好，下必有甚，竟为无限，遂至灭亡。"勤俭应是每个人的美德，特别是一家之长、一国之主，更需要起到表率作用。否则，懒惰奢靡之风易兴难抑，败家亡国即在瞬息之间。

综上所述，中国传统文化价值理念从一个核心范畴——仁义，扩展出五组基本价值，形成了一个紧密的价值体系。这个价值体系既简明，以人为本，可以凝聚价值认同；又具有扩展性，对个人修为、群体组织、国家安定起到支撑作用，形成长治久安的秩序。如唐朝的魏征所言："求木之长者，必固其根本；欲流之远者，必浚其泉源；思国之安者，必积其德义。"以仁义为核心的价值体系，为礼法规范体系提供了正当性支持，为规范体系的遵守和有效实施提供了文化自觉。

三、中华优秀传统文化的突出特性

中华优秀传统文化由许多重要元素组成，它们共同塑造出中华文明的突出特性。2023 年 6 月，习近平总书记在文化传承发展座谈会上发表重要讲话，指明了中华文明具有的五个突出特性。中华文明在漫长的历史进程中形成了五大突出特性，这五大特性既是中国文化的鲜明特质，更是中华民族走向伟大复兴的显著优势。深入研究中华文明的五大突出特性，有助于当代国人更好认识和认同中华优秀传统文化，有效地承担起新时代国人的文化使命。

其一，中华文明具有突出的连续性。人类发展经历了许多不同的时代，很多原生文明以及次生文明都已经由于各种原因中断或消逝在历史的进程中，唯中华文明历经漫长岁月绵延至今，从未中断。中华文明同世界其他文明相比，毫无疑问具有突出的连续性特质。

中华文明绵延不断的原因大致有以下几点：首先，得益于特定的地理环境屏障；其次，具备超稳定的社会结构以及生生不息的规模化人口，还有长盛不衰的语言文字、代代相传的文化典籍，最重要的是具备咬定目标必成功的民族特质、化人为善的文明特质。第一，特定的地理环境形成了天然性屏障，使中华文明自成体系并长期免遭大规模外敌入侵造成的文明覆灭。第二，自然经济、大一统政治、宗法社会和礼教文化形成的超稳定结构使中华文明具有极强的稳定性和自我调适性，即便多灾多难，依然绵延不断。第三，生生不息的规模化人口为中华文明的绵延传承、接续发展提供了源源不断的实践主体、承载主体。中华民族动辄千万级规模人口的持续性存在，是中华文明连续性发展的关键。第四，汉语言文字的不断延续维护了中华文明的绵延赓续。两河流域的楔形文字、古埃及的象形文字等世界上公认的代表古老文明的文字体系伴随其文明一同消亡了，汉字是世界上唯一传承和使用至今的自源古典文字体系。汉字书写和承载着中华文明，汉字的长盛不衰串起了中华文明的过去、现在和未来。第五，由汉字书写的文化典籍代代相传，使中华文明不因王朝政权的更迭而中断。中华民族具有浓厚的"史学"传统，形成了浩如烟海的文化典籍。文化典籍跨越历史时空、传承文化传统，其代代相传涵养了中华民族一贯的价值理念、思维方式和精神风貌。任凭王朝政权更迭，中华文明的"道统"代代传承。第六，咬定目标、与时俱进、久久为功的民族特质也是一个重要原因。中华民族具有咬定目标、与时俱进、久久为功的特质，必然使中华文明绵延不断。第七，化人为善的文明本质不可小觑。文明是在人和人关系的社会层面中，针对人类早期社会的"野蛮"特征而讲的，其所注重的"以文化人"，以个人为道德主体的"德行天下"，最终达到"秩序建构"的目的。这样的文明范式毫无疑问具有极强的道义性，有助于使中华文明历经五千多年而绵延不断。

离开中华民族血脉相承的五千多年文明史背后深层的原因，就不可能真正理解中国，更不可能理解中华文明绵延传承至今从未中断的原因。中华文明是一种连续并未中断的文明，意味着中华民族是一个具有强大稳定性、统一性、独立性、自主性和应变性的民族，这从根本上决定了中华民族在继承中发展、在发展中继承，必然独立自主走自己的路。

其二，中华文明具有突出的创新性。中华文明之所以能够绵延不绝，从根本上讲是因为中华文明具有突出的创新性。因为中华文明具有突出的创新性，所以中华民族能够识变应变求变，战胜一切艰难险阻，屹立于世界民族之林。

中华文明突出的创新性特征，根本上源于周易文化思想中的革新意识、进取精神、变易思维和大无畏气概等民族性元素，这些都能让中华民族在不同的时代适应并与时俱进。"人更三圣、世历三古"的《周易》一书被誉为群经之首、大道之源，在中国传统文化中长期居于主流地位。万物流变必然产生新老交替问题，如何对待新事物和旧事物，中华文化守正而不守旧、尊古而不复古。革故鼎新、勇于创新是中华文明历经沧桑而依然葆有生机的根本所在。大化流行、以新代旧，"天行健，君子以自强不息"。刚健有为、自强不息是中华民族积极进取的民族精神。荀子讲："义之所在，不倾于权，不顾其利，举国而与之不为改视，重死持义而不挠。"中华民族自古以来就有不惧艰辛、迎难而上、杀身成仁、舍生取义的人，他们挺起中华民族的脊梁，彰显中华民族坚持守正创新的大无畏气概。

中华文明在传承不断中取精去糟，在创新中不断守正发展，在历经千年沧桑的过程中不断升华。中华文明突出的创新性，从根本上决定了中华民族是以守正为根本遵循，而非以守旧为根本原则。正是这种尊崇继承优秀的古代文化，而不复辟古代糟粕文化的进取精神，决定了中华民族是一个不惧新挑战、勇于接受新事物的无畏品格和与时俱进的伟大民族。

其三，中华文明具有突出的统一性。对比世界诸文明，中华文明是世界上统一时间最长的文明。同时，这种统一不是小国寡民式的统一，而是以广袤地域、超大规模人口、多元民族和多样性文化为基础的"大一统"。

首先，中华文化多样一体。中华民族栖息地环境和气候的多样性，催生了许多地域性文化。例如，东临沧海的齐鲁文化、四塞之地的三秦文化、天地之中的中原文化，以及长江流域的巴蜀文化、荆楚文化、吴越文化等，尽管风土人情不同，但在价值取向、思维方式和社会心理等方面具有高度一致性。各民族水乳交融、休戚与共，像石榴籽一样紧紧抱在一起，共同抵御外辱、捍卫领土完整与国家利益。其次，国家政权长期大一统。秦朝一统天下后，郡县制在全国推广。与西方领主自治不同，郡县制把国家利益、地方利益和个人利益结合在一起。再加上车同轨、书同文、行同伦，这样疆土完整、国家强盛、民族团结、文明传承就成为中华儿女的共同信念。

长期大一统的疆域、政治、文化和民族历史赋予了中华民族追求"大一统"的理念和情怀。中华文明具有的统一性特征，从根本上造就了中华民族各民族文化深深融为一体，即便经历过重大挫折也坚决牢固凝聚在一起，决定了国土一刻不可分、国家一刻不可乱、民族绝对不可散、文明永远不可断的共同的坚定信念，决定了国家统一永远是中国国家核心利益的核心，也决定了一个坚强统一的国家是各族人民的命运所系。

其四，中华文明具有突出的包容性。中华文明是在相对封闭的地理环境中自成体系地生成的，具有突出的统一性，但这并不意味着中华文明是一元排他、自我封闭的孤立体系。相反，同世界诸多文明相比，中华文明具有突出的包容性。

中华民族生生不息的广袤地理空间、多样性地域文化的五方杂糅赋予中华文明可以无所不包、无所不容的包容性基因。漫长的民族大融合历史丰富了民族交往交流交融的经验，深化了对民族交往交流交融历史取向的认识，强化了民族交往交流交融的感情，培养了民族交往交流交融的能力，涵养了中华文明的包容性力量。

西汉之时儒家思想已成为正统和主流，东汉时本土道教兴起，而印度佛教却能够在两汉之际进入中国社会，到南北朝时期已经是"梁世合寺二千八百四十六，而都下乃有七百余寺"。从伊斯兰教进入中国，再到基督教进入中国，而今文庙、道观、佛寺、清真寺、基督堂可以比肩而立。对比其他文明，中国没有宗教裁判所，也没有出现"十字军"式的"圣战"，本土文化与外来文化、本土宗教与外来宗教和谐并存体现出中华文明兼收并蓄的开放胸怀。今天，我们强调"不忘本来""吸收外来""面向未来"，强调"中国化"，强调"普惠包容"，都表明中华文明的包容性。

中华文明海纳百川、博采众长，不仅对本民族文化元素具有包容性，而且能够吸收异质文明中精华的部分，同时包容异质文明中与本族文化不同的部分。中华文明的包容情怀，从根本上决定了中华民族以开放的胸襟同世界各国平等交流，为推动世界文明进步作出了重要贡献，也决定了各种传入中国的价值理念能够多元化并存的现实条件，更是决定了中华优秀传统文化对世界各种形态迥异的文明兼收并蓄的博大胸怀。

其五，中华文明具有突出的和平性。中华文明具备强大的包容情怀，因而体现出不偏激、不极端的平和性，体现出"为而不争""利而不害"的和平性。

中华民族崇尚和合，"和"是中国社会普遍存在的社会心理。哲学思想主张"和实生物""和合共生"，日常生活是"家和万事兴"，人际关系上强调"和为贵"，中医学上讲"调和阴阳"，天人关系上主张"天人合一"，世界上强调"协和万邦、兼济天下""美美与共"等。这体现了中国人不偏激、不极端，平和做人、平和处世之道。中华民族爱好和平，尧舜禹时代权力的和平禅让被后世尊为理想政治的典范。邦国交往中尚礼乐"以和邦国"，主张"故远人不服，则修文德以来之"，反对恃强凌弱和暴力胁迫。"为而不争""利而不害"的爱好和平思想始终占据着主流位置。诚如习近平总书记所讲，"中华民族历来是一个爱好和平的民族，爱好和平的思想深深嵌入了中华民族的精神世界"，并强调"和平发展""合作共赢"，构建人类命运共同体。

四、中华优秀传统文化的变革时期

中华传统文化思想的发展大致经历了四个辉煌的阶段，即先秦百家争鸣"子学"、两汉罢黜百家"经学"、魏晋名实之辩"玄学"、宋明朱陆之争"理学"，每个发展阶段各有自己不同的鲜明的思想特征，但能称之为中华传统思想文化的快速变革时期的是先秦子学、魏晋玄学和宋明理学的繁荣时期。

首先，是先秦百家争鸣"子学"。先秦时期是中国历史上的大分裂大兼并时代，在知识分子稀少的时代，思想界却异常活跃，各种回答时代问题的思想学说、实现理想社会的学术流派纷纷登上了历史的舞台，涌现出了儒家哲学的代表人物孔子、孟子、荀子，道家文化的代表人物老子、庄子，以及孙子、墨子、惠施、公孙龙、韩非子等一大批追寻哲思和理想社会实现方法的思想大家，形成了道家、儒家、墨家、法家等众多学术思想流派，其中最有影响的当属以"仁义"为核心的儒家、崇尚"自然"的道家、主张"兼爱"的墨家和"注重奖惩"的法家。先秦诸子思考的目标和探讨的重点是自然科学问题——宇宙的构成问题和构建理想社会问题，这一时期好比是人类的懵懂无知的幼年时期，对任何事物都想探索，对任何事情都感到好奇，都要问一个世间万物之所以然的"为什么"。如宇宙之实相是什么，人之本性善还是恶，理想社会应基于什么实现，人活着的终极价值和意义是什么，先秦诸子百家的哲思奠定了中华优秀传统文化发展的基础，掀起了中国思想史的第一次高峰，迎来中国哲学思想和中华民族精神的真正涌现。

其次，是魏晋名实之辩"玄学"。先秦儒学思想在经过汉代以董仲舒为代表"尊崇儒术"的官学化、权威化阶段之后，在魏晋时期知识分子经过反思开始转入哲理化阶段。魏晋时期，玄风大盛，在学风上、思想上、思维方式上与汉代迥然不同，一反两汉时期烦琐的经学及神学目的论，尊崇老子、庄子及《周易》，号称"三玄"，在思想上和思维方式上出现了一次大的解放。魏晋玄学思想家们所讨论的核心问题主要有四部分：一是名教与自然的关系问题；二是由前者所引申出的语言和思想的关系问题；三是本末有无的关系问题；四是关心肉体和精神的关系问题。魏晋时期哲学问题意识开始出现转向，其理论都带有很浓厚的哲学意味，标志着中华民族的思维问题的能力和探索世界、认识自我的能力又迈上了一个新的台阶。

最后，是宋明朱陆之争"理学"。宋明理学是儒家历史发展上的第二个高峰，是在释、道两家的思想经历了蓬勃发展、儒学日渐衰微的历史进程后，儒生为对抗二教而创立的一种新的哲学形态。如果说汉代时儒家思想形态的制度化、意识化是儒学发展在先秦后的第一次重大转折，那么，宋明理学这种新儒学形态的产生则是儒家理论发展的第二次影响深远的转折。宋明理学影响了中国近700年，是官方指导思想。宋明理学主要有四大流派，即以程颢、程颐、朱熹为代表的程朱理学；以陆九渊、王阳明为代表的陆王心学；以张载、王夫之为代表的张王气学；以陈亮、叶适为代表的事功学。宋明理学探讨的内容十分深刻，研究范围十分广泛，如宇宙论、本体论、人生论、心性论、知行观、修养论、境界论等。宋明理学作为儒学发展的重要阶段，将中国哲学的思维水平提高到一个新的高度，其所追寻的目标是通过以个体为主体的道德修养来实现"修身齐家治国平天下"的终极目标。

第二节 中华优秀传统文化的时代价值

文化的价值和生命在于不断发展和创新。中华优秀传统文化既是历史的也是当代的，对待传统文化既需要薪火相传、代代守护，也需要与时俱进、推陈出新。为了把中华文明绵延数千年的独特价值体系转化为社会主义现代化建设的强大精神力量，把无比丰厚的文化资源转化为有效的产业动能，以满足人民日益增长的美好生活需要，就必须按照新时代的要求，遵循文化自身发展的特点和规律，运用现代理念和现代方法，不断阐发中华优秀传统文化的时代价值。唐代魏征在《谏太宗十思疏》中写道："求木之长者，必固其根本；欲流之远者，必浚其泉源。"这两句话形象贴切地指明优秀传统文化是一个国家、一个民族传承和发展的根本起源与灵魂命脉，它承载着民族的精神和文明，不仅具有深厚的历史底蕴，还具有时代价值和传承意义。

一、中华民族的文化基因与精神血脉

文化基因浓缩了中华民族的传承力、生命力、影响力。文化基因是民族特质和生命力的集中体现，是数千年奋斗前行的中华民族躯体内流淌的精神血脉，是民族精神的根基。中华民族五千多年的悠久历史是一部气势恢宏的伟大史诗，文化基因浓缩了她的传承力、生命力、影响力，因此又与当代社会进程密切相连。中国是世界各大文明古国中唯一文明没有中断的国家，保存了几千年连续不断的历史记载，而且中华民族活动的舞台、历史演进的地理范围始终未曾迁移，文字、语言的体系也前后相承。中国古代政治、文化成就灿烂辉煌，中间虽经历过严峻考验，却能穿越曲折、衰而复振、蹶而复起。尤其是到了近代，在西方列强嚣张的侵略气焰面前，中国作为统一的东方大国，坚持反抗斗争，给了世界被压迫民族以巨大鼓舞，经过抗日战争之后，中华民族浴火重生，建立了新中国，从此走上奋发图强、实现民族复兴的光明大道。

习近平总书记指出："要加强对中华优秀传统文化的挖掘和阐发，使中华民族最基本的文化基因与当代中国文化相适应，与现代社会相协调。"① 这是当前国内高校必须予以重视和坚决贯彻的重大课题。

其一，中华民族文化基因的锻造、形成是一个历史过程。中华民族

---

① 习近平著作选读：第 1 卷［M］. 北京：人民出版社，2023：480.

文化基因在漫长的历史岁月中经历了孕育、产生、壮大的全部过程，同时在严峻考验中得以淬炼而升华。首先，自黄帝始至夏朝和商朝时期，是中华文化基因孕育的阶段，其标志是《尚书》《周易》《左传》《国语》等典籍以及战国诸子中对中华文化基因的一些重要特征、深奥智慧作了极其简明扼要的概括，这是中华文化基因的重要渊源，也是后代文化人物认识中华文明本质并加以阐释发挥的重要纲领。随后，自秦汉两朝的大统一时代以后至明代，是中华文化基因走向壮大和盛放的阶段，众多政治人物、哲学家和有志之士结合所处不同的时代形态，在文化基因中吸收新的智慧，并且对中华文化基因作了丰富、提升，为汉唐两朝之盛世的出现提供了睿思卓识。与此同时，在此漫长时期中也曾出现过各种严峻的考验、磨难，但最终依靠中华民族文化基因的坚韧和其中所蕴含的丰富内容，使中华民族得以衰而复振。自清初至 20 世纪，中华民族文化基因在走向近代、救亡图存的思潮涌起的环境中得到淬炼、升华，为中华民族走向伟大复兴提供助力。中华民族历经五千多年历史进程，岁月漫长而波澜壮阔，内容丰富而思想深刻，历久风雨而弥坚。

其二，中华民族文化基因具有优良性、坚韧性和融通性的特质。《史记》保存了中华民族集体历史记忆，彰显了中华民族伟大精神在五个方面的突出体现，因而锻造、提升了中华民族五大文化基因，即"弘扬传统、疏通知远""革新创造、穷变通久""加强统一、凝聚团结""热爱和平、反抗压迫""包容共辉、和谐有序"，综合发挥作用，具有优良性、坚韧性和融通性的特质，因此中华民族文化基因的传承力极其强大，举世罕有其匹。

二、熔铸和培育时代精神的深厚沃土

时代精神是一个社会在最新的创造性实践中激发出来的反映社会进步的发展方向、引领时代进步潮流、为社会成员普遍认同和接受的思想观念、价值取向、道德规范和行为方式，是一个社会最新的精神气质、精神风貌和社会时尚的综合体现。以改革创新为核心的时代精神是适应中国特色社会主义建设的实践的需要而形成的崇高精神。然而这种时代精神是不能脱离开我国传统文化而凭空产生的，而是依托于中国传统文化的土壤在传统文化遗产的基础上孕育发展起来的。因此深入了解时代精神产生的传统文化沃土，才能更好地理解当代以改革创新为核心的时代精神。

中华民族在数千年的历史文化沉淀中具有丰富的变革精神。如《周易·乾·文言》的"终日乾乾，与时偕行"，说明了变通趋时之意。《周易·艮·彖》提出的"时止则止，时行则行，动静不失其时"，《礼记·大学》引汤《盘铭》的"苟日新，日日新，又日新"，意即如果能每天除旧更新，就要天天除旧更新，不间断地更新又更新。"变"是《周易》的核心观念之一，《周易·杂卦传》曰"革，去故也；鼎取薪也"，"革故鼎薪"即指除去旧的，建立新的。《周易·系辞传》说："穷则变，变则通，通则久。"意即事物发展到极点，就是要根据条件进行创新，只有革新，才能打开前进的通道。《周易·系辞传》中强调"不可为典要，唯变所适"，一切都是变动不居的，只能变革才能适存。《吕氏春秋》说："世易时移，变法宜矣。譬之若良医，病万变，药亦万变；病变而药不变，向之寿民，今为殇子矣。"意即做事要据情况而论，该变法时就必须变法。

正是因为变革才使中华民族具有了旺盛的生命力。中华民族具有变革的精神，正是这种变革精神，成为推动中华民族不断发展的内在动力。

三、推动世界和平发展的中国智慧

其一，在中华优秀传统文化中，和谐发展的理念一以贯之。孔子曰："君子和而不同，小人同而不和。"君子讲求多元和谐、求同存异，而小人则是党同伐异，要求绝对的相同，本质是不和谐的。孔子提倡

"和而不同"的君子人格，反对"同而不和"的小人行为。"和而不同"并非和稀泥般完全等同，而是能够包容不同的事物、元素，并在不同的事物、元素之间寻求动态平衡，最终实现多元和谐。《中庸》进一步直言："万物并育而不相害，道并行而不相悖。"可见，在中华优秀传统文化中，和谐发展的理念一以贯之，并成为中华民族为人处世的规范准则、价值观念与行为方式。

只有把握时代主题，弘扬全人类价值才是人间正道。不同国家和民族应该在互相尊重的前提下合作发展、在求同存异中互利互惠。中国坚持维护世界和平、促进共同发展，与中华优秀传统文化中倡导的和谐发展理念密切相关。

其二，讲平等、求公正是中华优秀传统文化的重要特质。《礼记》载"天无私覆，地无私载，日月无私照，奉斯三者以劳天下，此之谓三无私""大道之行，天下为公"。天地大道的运行与流转是正直无私、大公至正的，在天覆地载中万物各得其所。对"天下为公"的追求体现了对天地大道的效法与遵循，而实现"天下为公"这一平等正义秩序的前提基础是要承认万物的多元共存性，正如孟子所言："物之不齐，物之情也。"此外，中华文化历来有重视道义的传统。孟子曰："仁，人心也；义，人路也""怀利以相接，然而不亡者，未之有也""以力假仁者霸，霸必有大国；以德行仁者王，王不待大。""仁""义"是人之所以为人的实现途径，更是国与国之间相交的正义秩序原则。为人处世，以利相交，不久而亡；以义相交，长久持续。孟子主张"以义制利"，认为如果离开公义而只讲私利，则会导致天下大乱。在"以义制利"的基础上，则可进一步实现"义利合一"。《左传》载孔子言："礼以行义，义以生利，利以平民，政之大节也。"意思是说，唯有循礼而行义，才能创造出更大的利，满足人民的需要，这是为政的真谛，所谓"义以生利"。可见，天下之公利即是最大的道义，义、利是可以合一的。

强调义利兼顾的中华优秀传统文化，对当今国际交往中形成正确的义利观以及公平正义的秩序原则具有重要作用。中华优秀传统文化中蕴含的公平正义的价值理念，为当今全球构建新的良好国际秩序注入了强大的道德源泉，提供了丰厚的思想养料。

其三，民本仁爱的价值理念为开创人类社会更加美好的未来提供了道德准则。从孔子"泛爱众，而亲仁""己欲立而立人，己欲达而达人"的仁爱学说，到孟子"民贵君轻""以不忍人之心，行不忍人之政"的仁政理想，再到荀子"君舟民水""天之生民，非为君也；天之立君，以为民也"的重民意识，再到张载"民胞物与"的天地一体境界，均展现了中华优秀传统文化蕴含的民本仁爱的价值理念，为开创人类社会更加美好的未来，为人类文明新形态的实践以及人类命运共同体的构建提供了道德准则。

当今世界，构建人类命运共同体才能开创人类社会更加美好的未来。弘扬中华优秀传统文化中蕴含的民本仁爱的价值理念，为百年未有之大变局下各国携手应对全球性挑战、开创人类社会更加美好的未来提供了丰富的思想源泉。

第三章

中华优秀传统文化的思想政治教育价值意蕴

思想政治教育价值是通过作用于人的思想，引起思想的改变，进而引发行为的改变然后以这种改变了的行为作用于实践而产生积极的结果。思想政治教育具有的这种强烈的人文属性，使其与中华优秀传统文化具有紧密的关联性，展现出重要的社会价值、集体价值和个体价值。中华优秀传统文化源远流长，博大精深，蕴含着丰富的思想元素、政治元素与道德元素，具有极高的思想政治教育价值，是推动高校思想政治教育发展的广阔资源宝库，在弘扬民族精神、增强爱国情怀、升华价值追求方面具有深远影响，有助于培育大批德才兼备的高素质人才。

第一节　思想政治教育的人文属性

一个国家的国民人文修养的水准，在很大程度上取决于国民教育中人文教育的地位和水平，尤其是思想政治教育的地位和水平。而思想政治教育作为一种以人的需要为实践对象的社会实践活动，其以马克思主义关于人的全面发展理论为指导的价值目标都蕴含着鲜明的人文价值，主要体现在以"化人"为目标指向，通过教育活动对人的世界观、人生观、价值观产生影响，在人的人文精神、人文素质养成及发展过程中发挥积极的、潜移默化的作用，促进人自由而全面的发展和社会文明的进步。人的行为是自身思想政治素质的外显，更反映的是个人的世界观、人生观和价值观水平。

一、思想政治教育的文化特质

正如文化来源于人类的社会实践活动一样，思想政治教育本身也是人们实践的产物。作为一个历史的范畴，思想政治教育并非从来就有的。就其渊源而言，思想政治教育的出现，要晚于文化现象。在茹毛饮血的原始时代，正是原始文化的产生，拉开了人类文明之进步的序幕。同时，也为思想政治教育最初的形式——原始教育的问世奠定了基础。就其实践形式而言，思想政治教育首先是一种教育活动，其实践水平的提升，当然离不开社会生产力的发展和人类劳动经验的积累。在生产劳动的过程中，随着生产工具的不断改进和劳动对象范围的不断扩大，人们从事生产劳动之实践的经验也在不断地丰富和累积。基于生存的需要和繁衍，这些早期人类的劳动经验同其在长期共同生活中所形成的风俗习惯、思维方式和价值观念等，需要代代传承下去。正是在这种情况下，原始教育便应运而生了。

从其形成过程来看，思想政治教育自产生之日起，便重点关注人们的智慧成果、感知能力和价值观念的提炼和整合等问题，并合理有序地对此展开梳理，构建新的准则，紧接着对其教育对象提出具有同样理念的要求，以便渐渐形成较为规范的社会意识形态体系。反过来，当这些社会意识形态体系形成并趋于稳定后，又会为有效推动思想政治教育深入发展提供重要平台，增强人们的知识储备，合理组织人们的各种活动，进而激发人们的情感，成为思想政治教育的强大法宝，推动社会的变革和世界文明的进步。从思想政治教育的形成及其功能展现的方式看，思想政治教育与文化之间具有相当大的关联性，主要表现在：思想政治教育实践不仅从文化中衍生，以文化为基础，而且其本身就是一种文化，是社会文化体系中的精神文化的重要组成部分。对于一个民族或国家来说，物质文化和制度文化的重要性不言而喻，但精神文化的作用也是无法忽视的。作为一个民族或国家价值观念和思想体系的重要成果，意识形态反映的是居于精神文化中的统治阶级的意志和利益，因此在社会上是占据主导地位的，这种主导地位从根本上是由思想政治教育实践的方向引领和价值引导奠定的。因此，从这种意义上来说，我们说思想政治教育本身就是一种处在社会主流地位的文化形态，它不仅决定了社会文化形态的根本性质，而且在一定程度上支配着社会文化发展的方向。

二、思想政治教育的人文追求

那么，思想政治教育到底如何才能对社会文化的发展发挥出重要甚至决定性的作用呢？答案便是：人。思想政治教育，正是通过"人"这一重要中介，并经由"化人"这一过程，来达到预定的目标。总体上看，思想政治教育首先是通过教育实践来按部就班地推动人的社会化，以造就具有先进政治思想观念和遵守社会价值规范的符合主流文化取向的社会个体。其次，由这些遵循社会主流价值观念和思想意识的人，通过社会实践和日常交往来展现和传递社会主流意识形态，然后对整个社会文化系统进行整合和引导，营造良好的文化发展氛围，推动社会文化的繁荣昌盛。诚然，由于文化本身的"化人"的社会功能的客观存在，整个社会文化的发展进步以及由此打造的积极的社会文化生态系统的感染和推动，也会有助于推动人们的思想政治素质和正确价值理念的形成，最终实现促进人的自由全面发展的远大目标。

从内容层面讲，思想政治教育的内在要求就在于关注和培养人文精神。一要坚持以中华优秀传统文化滋养人。中华优秀传统文化在五千多年积淀、传承和发展过程中，其最核心的思想理念、价值观和民族精神早已成为中华民族最基本的文化基因，成为思想政治教育的以文化人的重要依据和根基。在实践中，充分挖掘中华优秀传统文化中的教育资源，用仁义礼智信涵养新时代青年道德品格，用明辨义利的价值理念匡正新时代青年思想偏差，用涵盖中华五千多年历史发展的成就提振新时代青年文化自信，提高新时代青年对文化的认同感和思想政治素质。二要用革命文化熏陶人。革命文化是中国共产党带领全国人民在争取自由和解放中孕育的、与中国文化和中国革命发展紧密相连的文化，具有坚定的、彻底的革命精神和厚重、深沉的革命内涵。它深深根植于绵延五千多年的中华文明，又坚持马克思主义理论的指导地位，在革命实践中不断发展、创新和完善，至今仍对当代产生深远的影响。用革命文化熏陶人、教化人，就是要求高校思想政治教育用革命精神感染人，让新时代青年回味革命历史，感受隐藏在光辉的革命历程和伟大成就中的精神力量，并自觉树立起远大的理想信念和革命精神。三要用社会主义先进文化引导人。社会主义先进文化是以马克思主义为指导，面向现代化、面向世界、面向未来的，民族的科学的大众的社会主义文化。它是我国社会意识形态的重要依托和重点宣传内容。如果马克思主义不去占领思想阵地，就会被非马克思主义的意识形态占领，这就要求我们必须始终占据主阵地，宣传科学理论、弘扬时代精神、塑造良好的文化发展氛围。用社会主义先进文化引导人，就是要把先进文化贯穿在高校思想政治教育课程教学与实践教育中，满足人多层次的精神文化生活需要，在身心愉悦的同时丰富精神世界，增强精神力量，提高思想道德素质，形成正确的世界观、人生观和价值观，从而实现人的全面发展。四要用多层次的教育课程引导人。从人的需要出发，高校思想政治教育开展思想政治理论课程，用其深厚的历史文化积淀给新时代青年烙下了深刻的人文印记。

三、新时代思想政治教育与中华优秀传统文化互动

思想政治教育集思想性、政治性与道德性于一体，具有自身的规律、目的与特点，旨在解决人的思想意识问题、政治素养问题、行为规范问题以及自由全面发展问题等，思想政治教育的内容主要由理想信念教育、爱国主义教育、道德品行教育以及素质拓展教育等方面构成。其中，理想信念教育是核心，旨在引领思想意识坚定理想信念，明确政治立场；爱国主义教育是重点，旨在扬民族精神，增强爱国情怀，维系人

民情感；道德品行教育是基本，旨在提升道德水平，注重品行举止，升华价值追求；素质拓展教育是延伸，旨在培养综合能力，提高综合素养，促进全面发展。

同时，中华优秀传统文化教育与思想政治教育仍具有一定的差异性，毕竟中华优秀传统文化教育与思想政治教育都具有各自不同的教育目的、教育主体与教育内容，在教育目的方面，思想政治教育主要侧重于解决人的思想意识问题、政治素养问题以及自由全面发展问题等；而中华优秀传统文化教育不仅有助于解决思想意识问题、政治素养问题，还主要在于中华优秀传统文化的传承与弘扬、转化与发展。同时在教育主体和教育内容方面，中华优秀传统文化教育与思想政治教育也具有一定的差别，二者教育主体的差异主要体现在业务方向上、专业技能上以及师资条件上，二者教育内容的差异主要在于中华优秀传统文化教育是以传播、传授、传承与传颂中华优秀传统文化为主要内容，而思想政治教育是以提升与强化人们的思想政治素养与道德品行为主要内容。

基于中华优秀传统文化教育与思想政治教育两者所具有的异同点，不仅要充分发挥出中华优秀传统文化教育所具有的思想政治引导与道德品行引领的重要功能，而且也要充分发挥出思想政治教育中所蕴含的文化育人的积极作用，让中华优秀传统文化教育与思想政治教育两者能够既紧密相连，相得益彰，又能各有侧重，彼此发展。

第二节　中华优秀传统文化的思想政治教育价值

思想政治教育服从和服务于中国式现代化，发挥着引领正确政治方向、坚定理想信念和培养德才兼备的高素质人才的重要作用，对于国家富强、社会进步、个人发展，思想政治教育具有弥足珍贵的价值。作为中华民族的精神家园，中华优秀传统文化博大精深，包罗万象，蕴藏着丰富的育人资源，具有极高的思想政治教育价值。中华优秀传统文化丰富了高校思想政治教育的内容，创新了高校思想政治教育的方式方法，拓宽了高校思想政治教育的路径，极大推动高校思想政治教育的发展。中华优秀传统文化的思想政治教育价值，集中体现在推动时代精神教育、推动革命传统教育和推动社会主义核心价值观教育。

一、思想政治教育价值是一种特殊的价值

作为一种复杂的社会实践活动，思想政治教育价值具有多种形态。既可以从性质、形成过程、呈现状态、存在境域等角度考察思想政治教育价值，又可以从价值主体角度将思想政治教育价值分为社会价值、集体价值和个体价值。要深入探讨思想政治教育对社会发展、对群体或组织的存在和发展、对个体成长和发展所起的促进作用，即思想政治教育的社会价值、集体价值和个体价值。

其一，保障物质文明建设。创造物质财富不仅需要物质基础，也需要科学的思想理论的指导。思想政治教育正是科学的思想理论转化为物质力量的重要途径。思想政治教育对物质文明建设的作用，主要体现为方向保证、精神动力、智力支持和环境营造。思想政治教育通过传播党的理论、纲领、路线、方针、政策，同时，广泛收集并及时反映路线方针政策的执行情况，使我们党的经济发展战略、发展规划得到坚决贯彻落实，保证我国物质文明建设沿着社会主义道路健康有序发展。通过加强思想政治教育，不仅能帮助人们认识坚持社会主义公有制对国家、社会和个人的重要意义，也能帮助人们认清种种伪装下的真面目。思想政治教育使人们认识到共同富裕不等于同步富裕、同等富裕，而是一个有先有后、有所差别的共同富裕。平均主义只能导致共同落后，共同贫穷。其帮助人们认识到共同富裕并不排斥一部分人、一部分地区依靠诚实劳动和合法经营先富起来。积极引导先富起来的人和地区帮助其他人和地区富起来。加强思想政治教育，引导人们正确对待利益，弘扬先进

的经济文化和科学的经济伦理，提倡科学合理的消费和健康文明的生活方式，以荡涤和肃清这些腐朽没落思想的影响，促进物质文明建设的进一步发展。

其二，推进政治文明建设。思想政治教育对政治文明建设的推动作用主要体现为：首先，扩大政治认同，强化政治共识。这既是社会主义政治文明建设的重要内容，也是其顺利进行的社会基础。思想政治教育可以培养积极向上的政治情感，使全体人民始终保持昂扬向上的精神状态。其次，启发政治意识，塑造政治文化。通过思想政治教育铲除官本位思想、封建特权思想、人治思想，肃清封建等级观念、宗法观念、依附思想的影响，使民主、法治深入人心，激发广大群众的政治参与热情，形成积极的政治心理，增强政治主体意识，完善独立政治人格，加强政治监督、促进决策民主，克服享乐主义、拜金主义、利己主义的影响，全面推进政治文明建设。最后，培养政治主体，规范政治行为。通过思想政治教育，可以帮助人们掌握主流政治思想，熟悉基本政治制度及其运行机制，丰富政治知识，提高政治理论水平；增强民主意识和当家作主的权利意识；形成正确的政治观点和政治价值取向，塑造现代政治人格；掌握科学的政治分析方法，提高政治敏锐性和鉴别力，从而增强社会主义政治文明建设的主体动力。

其三，促进精神文明建设。思想政治教育本身就是一种以马克思主义为指导，并以传播马克思主义为主要目的的社会实践活动。思想政治教育引导人们深入研究马克思主义基本原理，引导人们用马克思主义的立场、观点和方法来对待马克思主义，引导人们紧密结合形势的变化和实践的发展不断赋予马克思主义新的内涵，从而在实践中发展马克思主义，以发展着的马克思主义指导新的实践。思想政治教育对于共同理想的树立和实现，发挥着重要作用。它激励人们将个人幸福与国家和民族的前途命运结合起来，将共产主义理想内化为个人理想，与时代同步伐、与祖国共命运、与人民齐奋斗，在实现社会理想的过程中实现个人理想。思想政治教育以促进人的发展和社会的进步为目的，培养高尚道德情操、端正社会风气是其基本任务。开展集体主义教育，引导人们正确处理国家、集体、个人三者之间的利益关系，正确处理当前利益与长远利益、局部利益与整体利益之间的关系，正确处理集体主义与个性发展的关系。倡导社会公德。引导人们互相尊重、互相理解、互相关心、互相帮助，引导人们遵守社会秩序、维护安定团结。

其四，推动生态文明建设。解决生态文明问题不仅需要科学技术的发展，也需要合理控制人的行为，妥善处理人与自然的关系。思想政治教育在其中发挥着重要的推动作用。思想政治教育引导我们要坚持人与自然和谐共处，树立可持续发展观、整体利益观和绿色消费观。生态文明不仅是一种观念，而且是每个人都应承担的一种社会责任，要求人们积极践行。通过学校、企业、机关、社区等各级思想政治教育组织，广泛开展群众性的环境保护宣传和生态教育，使保护环境、节约资源等生态意识渗透到社会生活的各个方面，并引导人们从我做起、从现在做起、从小事做起，以实际行动体现出来，养成良好的日常工作、生活习惯。唤醒人们保护自然、爱护自然的自觉性，唤起人们的道德责任感和生态责任感。

二、中华优秀传统文化的思想政治教育价值厘定

中华优秀传统文化蕴含着中华民族的精神财富，体现了中华民族的道德追求，是中华文明的集中体现。作为一种文明，中华优秀传统文化包含着丰富的德育元素与道德基因，要"深入挖掘中华优秀传统文化蕴含的思想观念、人文精神、道德规范，结合时代要求继承创新，让中华文化展现出永久魅力和时代风采"[①]。中华优秀传统文化教育就是要以引领思想观念、启迪人文精神、传授道德规范为主要内容，及时有效地传播道德文明，全面展现中华优秀传统文化所内蕴的德育功能与道德力

[①] 习近平.决胜全面建成小康社会夺取新时代中国特色社会主义伟大胜利：在中国共产党第十九次全国代表大会上的报告［M］.北京：人民出版社，2017：47.

量。一定程度上而言，中华优秀传统文化教育的过程也就是传播道德文明的过程，这不仅是中华优秀传统文化教育所具有的德育功能的重要体现，而且也是中华优秀传统文化教育所具有的思想政治教育价值的重要彰显。

道德文明作为中华优秀传统文化所内蕴的有机成分，是蕴含德育元素、道德基因的文明，是兼具德育功能和道德力量的文明，是彰显德育规范和道德精髓的文明。思想政治教育是中华优秀传统文化教育的重要使命与主要内容，具有时代性、历史性与社会性，对时代发展、历史进步与社会繁荣都具有重要的促进作用。从某种程度上而言，进行思想政治教育既是中华优秀传统文化教育的价值所在，也是中华优秀传统文化教育具有价值的重要原因。

中华优秀传统文化教育可以通过不同的方式、途径与平台，多方位、多层面地传播道德文明，积极彰显中华民族的道德贡献与德育文化。从国内来看，结合新时代的内容，中华优秀传统文化教育可以依托家庭、学校与社会等途径与平台，将中华民族的道德文明代代相传、传承延续，真正实现中华优秀传统文化的大众化，为德育文化深入社会各个领域、各个方面提供有效保障；从国际来看，中华优秀传统文化教育也可以依托网络传播与海外交流等途径与平台，将中华民族的道德文明传播世界、辐射全球，让世界各国都能够共享中华优秀传统文化的道德精髓，共同领略中华民族的德育文化，为形成人类命运共同体提供强大的道德力量与厚实的道义基础。

三、中华优秀传统文化丰富了高校思想政治教育内容

中华优秀传统文化教育与思想政治教育具有密切的关系，从某种程度上来说，中华优秀传统文化教育也属于思想政治教育的范畴，这主要在于中华优秀传统文化蕴含着思想元素、政治元素与道德元素，涵盖着个人理想信念、爱国主义以及道德品行等方面的精神、观念、情感与信

仰，蕴含着个人与国家、个人与社会、个人与他人之间关系处理的基本原则，其中，中华优秀传统文化所包含的仁、义、礼、智、信、温、良、恭、俭、让、忠、孝、廉、耻、勇等传统美德元素，不仅是思想政治教育所依托的传统德育的主要思想来源，也是思想政治教育能够有效开展的重要保障。我国古代社会一向注重对个人道德品质、是非观念、艰苦奋斗精神、民族气节、律己修身等方面的培养，重视对个人言行的规范，这些理念在中华历史文化长河中比比皆是，中华民族对待生命、道德、义利、家国等方面的观点和态度，本身就是思想政治教育的重要来源。但是，因传统的高校思想政治教育并没深入挖掘和吸纳中华优秀传统文化中的思想政治教育元素，因此这些具有中华民族特色的教育内容没有系统展开，也就无法融入高校思想政治教育中。中华优秀传统文化和高校思想政治教育的融合，需要把这些具有中国特色的教育资源引进高校思想政治教育的范畴，这必将拓展高校思想政治教育的内容。

思想政治教育主要侧重于解决人的思想意识问题、政治素养问题以及自由全面发展问题等；而中华优秀传统文化教育不仅有助于解决思想意识问题、政治素养问题，而且还主要在于中华优秀传统文化的传承与弘扬、转化与发展。中华优秀传统文化为教育内容，除了涵盖思想、精神层面内容外，还能涵盖知识、技艺与实物等不同层面。可以包含宣传、讲授、传播等方式，而且还能包括文化传承以及实物流传的方式，这也主要取决于中华优秀传统文化所具有的时间跨度大的特性。

新时代，开展好中华优秀传统文化教育能够有助于思想政治教育取得实效，尤其在个人的理想信念树立方面、在道德品行规范方面、在家国情怀方面都能够发挥重要的积极作用。《高校思想政治工作质量提升工程实施纲要》中明确规定要进一步发展中华优秀传统文化教育，这就意味着中华优秀传统文化教育已经是思想政治工作重要内容之一，特别是在高校思想政治教育方面，中华优秀传统文化教育的重要性与日俱增，中华优秀传统文化教育的环境越来越积极，平台愈发广阔，包括"中国诗词大会""传统节日奇妙游""典籍里的中国""经典咏流传"等传统文化节目不断推出，通过中华优秀传统文化的不断弘扬，积极引导各种艺术、传统工艺、民俗优秀作品走进校园。可以看出，不但要充分发挥出中华优秀传统文化教育所具有的思想政治引导与道德品行引领的重要功能，而且也要充分发挥出思想政治教育中所蕴含的文化育人的积极作用，让中华优秀传统文化教育与思想政治教育两者能够既紧密相连、相得益彰，又能各有侧重、彼此发展。

四、中华优秀传统文化的思想政治教育价值

中华优秀传统文化具有重要的思想政治教育价值，通过推动时代精神教育、革命传统教育和社会主义核心价值观教育等不同方面来共同提升人的思想根基与精神信念，提高综合素养，促进人的全面发展。

（一）中华优秀传统文化推动时代精神教育

中国特色社会主义进入新时代，时代精神教育更具重要性与必要性，尤其是在致力新时代各项事业的建设与发展方面，更需要我们始终坚持改革创新、与时俱进、奋发图强、锐意进取、破难前行的恒心、决心与信心。

中华优秀传统文化教育与时代精神教育两者之间具有紧密的关系，从根本原因来看，一方面主要在于时代精神蕴含着中华优秀传统文化的元素，中华优秀传统文化是时代精神的一种重要来源；另一方面主要在于中华优秀传统文化要能符合时代发展的基本要求，这也就决定着中华优秀传统文化教育应当具有时代性，即中华优秀传统文化教育要能够与时代发展的要求相适应，要能够符合时代发展的基本需求，要能够融入时代发展的主流，并要能够促进时代的发展与进步。基于此，要用时代发展的眼光来看待中华优秀传统文化教育，要能从中华优秀传统文化的思想、观念、精神、情感等方面提炼与总结出时代精神的元素，要立足于新时代的特点、要求与需求来实施好中华优秀传统文化教育，并在传播与传承中华优秀传统文化的基础上，做好时代精神的宣传与学习。

（二）中华优秀传统文化推动革命传统教育

时至今日，中国特色社会主义取得了一系列伟大成就和伟大飞跃，这些成就的取得，离不开革命时期所形成的崇高精神、高尚品德与优良作风的激励与保障。开展革命传统教育，其实质就在于要让人们不忘历史，将革命时期所形成的崇高精神、高尚品德与优良作风铭记在心，作为每个人继续奋斗前行、努力干事创业的精神动力，作为每个人倍加珍惜当下的发展成果，努力为中国特色社会主义事业贡献个人力量的内生推力。

中华优秀传统文化教育与革命传统教育具有一定的相通性，主要体现在文化相连与精神相通两个方面。其中，文化相连是指革命文化与中华优秀传统文化具有一定的内在联系性，一方面是文化的传承与沿袭中华优秀传统文化是革命文化的重要来源；另一方面在于中华优秀传统文化和革命文化都是中国特色社会主义文化的重要组成内容。精神相通主要是指革命文化蕴含的革命精神、高尚品德、优良作风与中华优秀传统文化所蕴含的思想与精神一脉相承，在一定程度上而言，革命文化蕴含着中华优秀传统文化的思想与精神元素，中华优秀传统文化是革命文化的思想与精神源泉，如爱国主义思想、民族气概与奉献精神等。中华优秀传统文化教育与革命传统教育在中国特色社会主义事业的伟大进程中都发挥着不可或缺的重要作用。

（三）中华优秀传统文化推动社会主义核心价值观教育

社会主义核心价值观教育作为思想政治教育的重要内容，是教育主体与受教育主体之间围绕着社会主义核心价值观的宣传与学习而展开的一项交往实践行为。社会主义核心价值观教育的基本目标在于要将社会主义核心价值观引导为社会的共同价值取向以及人们的共同所需，促使社会主义核心价值观内化为人自身的一种价值观，成为一种主导价值观与主流价值观。

中华优秀传统文化教育与社会主义核心价值观教育具有紧密的联系，主要体现在社会主义核心价值观教育与中华优秀传统文化的思想型教育具有相通性，而这又主要基于社会主义核心价值观与中华优秀传统文化所具有的内在相连性与相承性。一方面，社会主义核心价值观的内在价值追求是对中华优秀传统文化思想精髓的传承与延续，社会主义核心价值观是中华优秀传统文化思想在新时代条件下的集中彰显与时代表达；中华优秀传统文化中所蕴含的和谐思想、法治精神、爱国主义、勤劳品质、诚信原则和包容理念等，这都是社会主义核心价值观内在价值元素的主要来源。另一方面，中华优秀传统文化所涵盖的思想文化、知识文化等内容，在很大程度上，彰显着中华民族的传统价值观念与核心思想理念。社会主义核心价值观所蕴含的丰富的价值目标追求，也正是中华民族的传统价值观念与核心思想理念的时代表达。同时，中华优秀传统文化作为中国特色社会主义文化的重要来源，社会主义核心价值观作为中国特色社会主义发展的必然产物与价值指引，共同决定着中华优秀传统文化教育与社会主义核心价值观教育都是中国特色社会主义事业发展中的重要教育类型。

第四章

中华优秀传统文化融入高校思想政治教育的理论基础

在五千多年的历史文明进程中，中华优秀传统文化已经积累形成物质文化、精神文化、艺术文化等多样形式更迭演进，凝聚成各民族共有的价值准则和道德规范，深深印刻在中华民族的精神文化基因中。"中华民族优秀传统文化是中华民族的突出优势，中华民族伟大复兴需要以中华文化发展繁荣为条件，必须大力弘扬中华民族优秀传统文化。"[①] 中华优秀传统文化在融入高校思想政治教育过程中有很深的理论渊源，马克思主义与中国化的马克思主义二者辩证地紧密结合在一起，为高校中华优秀传统文化教育可行性研究的展开奠定了理论基石。将二者作为学理支撑并结合新时代条件下的发展要求，才有可能探索出具有可行性的教育对策，才能够将中华优秀传统文化更好地融入思想政治教育中。加强中华优秀传统文化融入高校以文化人、以文育人的思想政治教育实践中，厘清理论基础是关键性问题。

第一节　马克思主义经典作家关于文化的论述

马克思主义经典作家在关于文化的论述在经典文本中直接呈现的内容较少，但从马克思和恩格斯关于文化的思想论述中可见一斑，他们在研究哲学、政治经济学和科学社会主义的过程中，科学地论证了文化产生的原因，说明了文化对经济发展的反作用，揭示了人类在什么阶段就

有什么性质的文化，提出了共产主义的文化功能在于造就出自由而全面发展的人。马克思和恩格斯的文化观为中华优秀传统文化融入高校思想政治教育提供了强有力的理论支撑。

一、马克思和恩格斯的文化观

马克思和恩格斯在其著作中虽然并没有明确指出其文化观，却将广义和狭义对文化的解释体现在了科学、艺术、社交方式等方面。他们清晰地指出了文化的作用以及注重对文化教育功能在个人发展中的体现，同时马克思和恩格斯在其著作中并没有否认优秀的传统文化遗产，而是批判性地继承了黑格尔的哲学遗产。

第一，马克思和恩格斯在广义上认为文化是社会发展的一个阶段。马克思在《资本论》中，提及"人类文化初期"，恩格斯也曾多次讲到"史前各文化阶段"和"希腊文化"，这都是指一个蒙昧、野蛮或者文化时代的阶段。马克思和恩格斯在狭义上解释文化概念时，同样是指科学、艺术、社交方式等。恩格斯认为人类进行直接的物质生活的生产，使一个民族或一个时代的一定的经济发展阶段构成基础，而人们的国家观念、法的观念、艺术甚至是宗教的观念都是在这个基础之上发展而来的。恩格斯不仅总结和评价了马克思的伟大贡献，同时还应用唯物主义的历史观用科学、艺术的概念来说明文化产生的原因。由上可见马克思和恩格斯在谈及文化时除了直接应用的文化概念以外，还要通过他们关于科学和艺术等问题的论述来进行马克思和恩格斯的文化观梳理，他们的文化思想是建立在唯物史观的基础之上，同时也是建立在生产力和生产关系、经济基础和上层建筑的相互关系的基础上的，以此来更加深入揭示出它所处历史阶段上是什么性质的文化。

第二，马克思和恩格斯清晰地指出了文化的作用。在《〈政治经济学批判〉序言》一文中有所阐述，即"这些生产关系的总和构成社会的经济结构，即有法律的和政治的上层建筑竖立其上并由一定的社会意识形势与之相适应的现实基础。物质生活的生产方式制约着整个社会生活、政治生活和精神生活的过程"①。但马克思和恩格斯在肯定经济对文化的决定作用的同时也并未忽视文化的反作用。他们认为文化对经济发展具有反作用，揭示了人类在什么阶段就有什么性质的文化，提出了共产主义的文化功能在于造就出自由而全面发展的人。在《致瓦·博尔吉乌斯》信中，恩格斯强调："政治、法律、哲学、宗教、文学、艺术等等的发展是以经济发展为基础的。但是，它们又都互相作用并对经济基础发生作用。并非只有经济状况才是原因，才是积极的，其余一切都不过是消极的结果。"②

第三，马克思对文化教育功能的重视在注重个体发展中有所体现。人的本质属性是社会属性，个体成长与发展的过程离不开文化的教育作用。马克思和恩格斯提出了共产主义的文化功能在于造就出自由而全面发展的人。通过文化的教育功能，人能够在意识和行为等方面成为真正符合社会发展要求的人。"人化环境"特别是文化环境也会反作用于个体发展。在《关于费尔巴哈的提纲》一文中，马克思先从科学的实践观出发阐述"环境是由人来改变的，而教育者本人一定是受教育的"③，进一步又提出"环境的改变和人的活动一致"的观点，说明环境的变化和人的变化是辩证统一的。因此，在共产主义社会里，在马克思设想的"自由人联合体"的时代当中，文化的价值指向主要是崇尚能力和人的素质全面发展。文化的功能主要是造就出自由个性和素质全面发展的人。

第四，马克思和恩格斯的文化思想发展虽然是建立在对过去批判的基础上产生的，但并没有对优秀的传统文化遗产予以否认，而是批判性地继承了黑格尔哲学遗产。马克思和恩格斯在《德意志意识形态》一文中也体现了继承性发展的文化观。在批判费尔巴哈时，马克思指出："他

---

① 马克思恩格斯选集：第2卷［M］.北京：人民出版社，2012：2.
② 马克思恩格斯选集：第4卷［M］.北京：人民出版社，2012：649.
③ 马克思恩格斯选集：第1卷［M］.北京：人民出版社，2012：134.

没有看到，他周围的感性世界决不是某种开天辟地以来就直接存在的、始终如一的东西，而是工业和社会状况的产物，是历史的产物，是世世代代活动的结果，其中每一代都立足于前一代所奠定的基础上，继续发展前一代的工业和交往，并随着需要的改变而改变他们的社会制度。"①由此可以看出，马克思和恩格斯批判性地继承了黑格尔哲学的遗产，同时也厘清了他在此后的《资本论》著作中谈及的文化内容的内涵。

二、列宁的文化建设思想

以继承马克思、恩格斯的文化思想为理论和实践基础，列宁结合苏维埃俄国当时的实际国情从而形成了自己独有的文化建设思想，继而深化了马克思主义理论中关于文化建设的思想内容，同时对中国在新时期建设中国特色社会主义先进文化具有重大的现实指导意义。

第一，加强文化建设可以促进社会主义经济建设的快速发展。列宁根据当时苏维埃俄国文化教育十分落后的实际情况，阐明了发展文化建设事业的紧迫与重要性。十月革命胜利以后，经济文化落后的苏维埃俄国首先建立起来社会主义制度。在实现了国家的政治变革后，如何加强社会主义经济建设和文化建设，彻底改变苏维埃俄国的落后面貌成为列宁最关心的问题。他提出："在解决了世界上最伟大的政治变革的任务后，摆在我们面前的已是另一类任务，即可称为'小事情'的文化任务。必须消化这个政治变革，使它为人民群众所理解，使它不致仅仅是一纸宣言。"② 由此可知，列宁把夺取政权后如何搞好文化建设视为巩固政权之关键，并且提上了重要议事日程，这主要是由当时俄国文化建设的重要性与紧迫性所决定的。

在苏维埃俄国建立以后，首要面临的巨大障碍就是俄国文化的异常落后，这不仅严重制约着社会生产率的快速提高，而且也影响先进技术

① 马克思恩格斯选集：第 1 卷 ［M］．北京：人民出版社，2012：155．
② 列宁选集：第 4 卷 ［M］．北京：人民出版社，1995：585．

的广泛应用。列宁指出："要使整个苏维埃建设获得成功，就必须使文化和技术教育进一步上升到更高阶段。"① 由此可知，只有加强文化建设，不断提高工人群众的文化水平，才能提高整个社会的劳动生产率，才能为新生政权奠定坚实可靠的经济基础。列宁在 1923 年《论合作社》一文中，还特别强调加强文化建设对农村经济发展起到的促进作用，他认为只有当农民具有高度的文化教育水平，学会文明经商时，农村经济才能飞速发展。

第二，加强文化建设可以促进社会主义民主政治的进程。俄国无产阶级在其先锋队的领导下，能够夺取政权，建立比资本主义制度先进得多的社会主义制度，成为全体人民根本利益的代表者和实现者，但俄国自身的文化落后性却严重制约着苏维埃政权作用的发挥，影响了社会主义优越性的充分体现。对此，列宁指出："我们深深知道，俄国文化不发达是什么意思，它对苏维埃政权有什么影响；苏维埃政权在原则上实行了高得无比的无产阶级民主，对全世界作出实行这种民主的榜样，可是这种文化上的落后性却限制了苏维埃政权的作用并使官僚制度复活。"② 因为文化的落后而使得广大工农群众无法直接参与管理国家，而执政党自身又缺乏管理国家政治和社会生活的知识与经验。因此，要建立真正人民民主的国家，只有大力发展文化建设，提高广大人民参政、议政的能力，这样才能够促进社会主义民主政治的伟大进程。

第三，加强文化建设可以促进整个社会的文明与进步。到 1922 年苏维埃建设已经过了五年的风雨历程，在保卫政权、恢复经济等方面取得了一定的成绩，但是国民文化水平低下的状况并未得到根本性的好转。列宁在《日记摘要》一文中曾忧虑地指出："我们距离普遍识字还远得很，甚至和沙皇时代（1897）比，我们的进步也太慢了。"③ 为使这种状况得以解决，列宁特别强调："对我们大家来说，无论是俄国同志

① 列宁选集：第 4 卷 [M]．北京：人民出版社，1995：588.
② 列宁选集：第 4 卷 [M]．北京：人民出版社，1995：762.
③ 列宁选集：第 4 卷 [M]．北京：人民出版社，1995：585.

还是外国同志，最重要的一点是，在俄国革命五年之后，我们应当学习。我们应当利用不打仗、没有战争的每个时机来学习，而且要从头学起。"① 由此可知，苏维埃俄国只有开始重视学习、普及知识，提高全民族的科学文化水平，才能使其摆脱"半亚洲式的不文明状态"，才能同旧社会遗留下来的愚昧、不文明、粗野等遗产作斗争，以促进整个社会的文明与进步。

第四，对待俄国过去的历史传统文化，列宁采取批判性继承发展的态度。列宁并没有全盘否定俄国过去所有的历史传统文化，他选择在批判中继承。在《关于无产阶级文化的决议草稿要点》中表明了其科学的态度："不是臆造新的无产阶级文化，而是根据马克思主义世界观和无产阶级在其专政时代的生活与斗争条件的观点，文化的优秀典范、传统和成果。"② 就无产阶级文化与优秀传统文化之间的关系而言，列宁认为二者之间存在着紧密的关联，无产阶级文化并不是与生俱来的，而是在继承与发展中逐渐壮大的。对于落后的、腐朽的、不符合社会与时代发展要求的俄国传统文化，列宁主张清除这些糟粕文化的痕迹。因此，列宁在《宁肯少些，但要好些》一文中强调这一问题："但在尊敬上司、遵守办文的形式和礼节上，我们的'革命性'往往被最腐败的因循守旧的习气取而代之了。"③

第二节　党的十八大以前中国共产党几代领导集体的传统文化观

中国共产党自成立以来始终致力于中华优秀传统文化的继承与发展，对其所具有的重要思想政治教育功能，党的主要领导人历来都给予重视。由此，关于中华优秀传统文化教育的思想理论也在逐步充实完善

---

① 列宁选集：第4卷［M］．北京：人民出版社，1995：728.
② 列宁全集：第29卷［M］．北京：人民出版社，2017：376.
③ 列宁全集：第43卷［M］．北京：人民出版社，2017：391.

过程中。

一、毛泽东传统文化观

毛泽东在继承马克思、恩格斯和列宁关于文化建设思想的基础上，又结合了中华优秀传统文化开展思想政治教育。毛泽东一方面增进了有关文化内容的融入，另一方面也在此基础上引领了党的思想政治教育的发展进步。毛泽东的传统文化观不仅仅是中国传统文化与政治观点在理论上的融合，更是实践中的创新。它既为毛泽东文化思想的形成与发展奠定了坚实的基础，也为中华民族优秀文化的传承与弘扬作出具有历史意义的贡献，同时对我们今天继承和发扬中华优秀传统文化提供了宝贵的经验和启示。

第一，对于民族传统文化态度上，毛泽东与列宁同样认为应该采取批判性吸收继承的方针。毛泽东早年就接触并深入学习和了解了中国的传统文化，将其贯穿始终，运用到了新民主主义革命时期和社会主义革命建设时期。在学习和研究传统文化时，毛泽东特别注重并善于从传统文化中汲取优秀的部分，并以此为养分进行创造性转化和创新性发展，使其思想观点具有鲜明的中国风格和民族特色。毛泽东认为："中国在长期封建社会中，创造了灿烂的古代文化。清理古代文化的发展过程，剔除其封建性的糟粕，吸收其民主性的精华，是发展民主新文化、提高民族之信心的必要条件。但是决不能无批判地兼收并蓄。必须将古代封建统治阶级的一切腐朽的东西和古代优秀的人民文化即多少带有民主性和革命性的东西区别开来。"①

第二，毛泽东思想中积极运用传统文化的特征首先表现在形式上，即毛泽东经常运用富有中国传统特点的民族化的语言风格，引用大量历史成语、典故、传说、诗词歌赋等人民群众喜闻乐见的元素，并灵活地

---

① 毛泽东选集：第 2 卷［M］．北京：人民出版社，1991：708．

运用它们深入浅出地阐述马克思主义理论，通俗易懂，令人民群众便于理解，从而使毛泽东思想在形式上具有鲜明的中国化、民族化和大众化的特点。另外，对传统文化的运用展现出的民族特色更表现在内容上，即毛泽东思想的内容也处处渗透着中国传统文化的精华。例如，在政治思想上，毛泽东巧妙运用了《汉书》中的"实事求是"这一词汇，对马克思主义的哲学观点进行全新的阐释，使跨越近两千年的古老的概念在新的历史时期获得了新的生机和活力，"实事求是"也成为毛泽东思想的精髓和中国共产党的根本思想路线；他还把中国古代的"仁政"与"法治"的思想结合起来，运用马克思主义的政治理论加以改造，从而形成了人民民主专政的理论。在文化上，他根据春秋战国时期诸子百家思想繁荣发展的历史经验，发掘总结出思想文化发展的特点，提出了"百花齐放、百家争鸣"的文艺上的"双百"方针。由上可见，中国的传统文化精华是毛泽东思想的重要思想来源。当然，毛泽东对传统文化精华的继承和运用，并不是简单地全盘接受。中国传统文化是中国五千多年来历史发展的沉淀，即使是传统文化中的精华部分，也都有着深深的时代烙印，不可避免地带有封建色彩，而社会存在决定社会意识，经济基础决定上层建筑，人类的思想文化又是随着社会的发展而不断发展的，这就要求人们对传统文化的继承必须符合经济社会的发展状况，必须与时代精神的脉络相一致，必须对传统文化作出符合时代精神的反思和发展。毛泽东在继承和运用传统文化时，自觉地运用马克思主义的立场、观点和方法对其进行了根本性的改造，从而使其被赋予了崭新的内涵，极大地推动了中国传统文化与马克思主义和中国近现代的时代精神的有机结合。

由此可见，毛泽东对中国的传统文化没有进行简单的全盘肯定或全盘否定，而是积极运用马克思主义，并以此对中国传统文化加以分析和研究，从而形成了对待中国传统文化的科学态度和方法论要求。在如何处理传统文化的问题上，毛泽东提出了"批判地继承"，即"取其精华，去其糟粕"。毛泽东认为："剔除其封建性的糟粕，吸取其民主性的精华，是发展民族新文化，提高民族自信心的必要条件。"① 因此，"批判地继承"是毛泽东对待中国传统文化的基本态度和立场。正是基于这一科学态度，毛泽东一方面强调学习和继承传统文化的重要性，另一方面又对中国传统文化中的封建糟粕进行了猛烈的批判。

第三，在思想政治教育的实践中，毛泽东认为应该注重中华优秀传统文化与其相承接的问题。毛泽东在新民主主义革命时期就明确表示，马克思主义理论的研究、运用、宣传和教育都要有中国气派、中国风格和中国特色。例如，毛泽东在《改造我们的学习》一文中引用出自《汉书》中的"实事求是"来说明辩证唯物主义认识论。新中国成立后，毛泽东又提出了"古为今用""洋为中用"的观点来推进中华优秀传统文化的运用和创新发展。

概而言之，作为"马克思主义中国化"这一命题的首创者毛泽东，不仅极大促进了中华优秀传统文化有关部分的融入，也为后续相关思想理论的产生与发展打下了坚实基础，同时也为邓小平、江泽民、胡锦涛和习近平对于文化的深入阐述及中华优秀传统文化融入高校思想政治教育起了十分重要的引领作用。

二、邓小平传统文化观

邓小平关于中华优秀传统文化教育的思想是在继承毛泽东相关的思想内容，并把马克思主义基本原理同社会主义社会建设、改革开放实践相结合的基础上形成发展的。特别是十一届三中全会以来，中华优秀传统文化的传承发展事业也随着社会主义文化建设步入正轨而逐步前进。邓小平自幼便深受中华传统文化的熏陶，对中国传统文化中博大精深的文化内容和体系怀有深厚的情感。在中国革命战争伟大实践中，他始终不忘借鉴中国传统文化的精髓并加以运用。例如，抗日战争和解放战争

---

① 汪澎白，张慎恒.毛泽东早期的哲学思想探源［M］.北京：中国社会科学出版社，1983：68-69.

时期，他强调民本思想的重要性，推崇精忠报国的爱国主义精神，这些都体现了他对民族情感的坚守和对中华优秀传统文化的高度认同。他在革命战争时期表现出的传统文化观，为中国革命的成功和中华文化的传承发展作出了重要贡献。

第一，在实事求是的正确思想路线指引下，以邓小平同志为核心的党的第二代中央领导集体逐步恢复了正确的指导方针，充分重视中华优秀传统文化的价值意义。1978 年 3 月 18 日，邓小平在全国科学大会开幕式的讲话中指出了我国古代文明所创造的伟大成就。邓小平认为在继承中华传统文化的同时要坚持"扬弃"原则，在"取其精华"的同时也要"去其糟粕"。1979 年，在中国文学艺术工作者第四次代表大会上，邓小平继续强调了要继承坚持毛泽东所提出的"古为今用、洋为中用"的文艺发展方针。同时，邓小平认为对我国古代文学艺术中优秀的、符合时代进步要求的东西都应该予以学习继承。良好的文化发展环境的营造，正是体现了党对待中华优秀传统文化的科学态度。邓小平说："所有文艺工作者，都应当认真钻研、吸取、融化和发展古今中外艺术技巧中一切好的东西，创造出具有民族风格和时代特色的完美的艺术形式。"[①] 在中华五千多年的历史长河中，那些文艺作品中的瑰宝和表演艺术中的成果都值得深入学习和借鉴。这种学习和借鉴不仅有助于文艺工作者和人民群众拓宽视野，更能为艺术创作注入新的活力，提升中华文化的艺术表现力，让传统文化焕发新的光彩。但是学习、借鉴中国古代的文学艺术必须划清两个界限：社会主义同封建主义的界限；文化遗产中民主性精华同封建性糟粕的界限。他指出意识形态方面的封建主义残余影响还相当严重地存在，肃清这种影响的任务还没有完成，一定要明确提出和完成这个任务，决不允许用"四人帮"所宣扬的那套假社会主义来搞封建主义，也决不允许借反封建主义之名来反社会主义。这既是对历史经验的总结，又是具有强烈现实针对性的深谋远虑的决策。属于

---

① 邓小平文选：第 3 卷［M］．北京：人民出版社，1994：205-206.

文化领域的东西，一定要用马克思主义对它们的思想内容和表现方法进行分析、鉴别和批判。也就是说，对于传统文化，既要给予实事求是的分析、批判，又要认真钻研、吸收、融化和发展传统文化中一切好的经验、方法，其目的是创造和发展具有民族风格和时代特色的社会主义文学艺术。

第二，邓小平认为要将中华优秀传统文化融入马克思主义理论之中，必须结合时代发展的要求。邓小平认为应该建设具有民族特色与符合时代要求的社会主义精神文明，"要使广大人民有共产主义的理想，有道德，有文化，守纪律"①，即成为"四有新人"，其都源自中华优秀传统文化中所体现出的核心思想理念。邓小平还根据其中的义利观，提出了要对物质文明和精神文明"两手抓，两手都要硬"等思想。而对于如何处理中国传统文化的系统性认识，邓小平则是在扩大改革开放和建设有中国特色的社会主义文化的新的历史条件下提出和论述的。他深刻指出："中国从鸦片战争起沦为半殖民地半封建社会，中国人成了世界著名的'东亚病夫'。从那时起的近一个世纪，我国有识之士包括孙中山都在寻求中国的出路。……所以了解自己的历史很重要。青年人不了解这些历史，我们要用历史教育青年，教育人民。"②了解历史，不仅是为了简单地知晓过去，更是为了从中汲取智慧，承续好中华文化的根脉。继承与弘扬中华民族的优秀文化，是实现中国文艺事业发展的重要举措，更是推动中华文化繁荣兴盛和发展社会主义新文化不可或缺的保障。

由此可知，邓小平在看待中国传统文化时，始终坚守马克思主义的基本立场，以科学的分析和思维对传统文化进行扬弃。他注重取其精华，去其糟粕，为实现中国传统文化的创造性转化和创新性发展提供了科学方向指引，对当今时代的中国特色社会主义文化建设具有重要贡献。

---

① 邓小平文选：第 2 卷 [M]. 北京：人民出版社，1994：28.
② 邓小平文选：第 3 卷 [M]. 北京：人民出版社，1994：205-206.

三、江泽民传统文化观

江泽民在继承中国共产党人相关思想理论的基础上，从综合国力和现代化建设、大学生思想政治教育等方面来阐述有关中华优秀传统文化的思想理论。在对待中国传统文化的态度上，江泽民坚持了"古为今用、推陈出新"的文化方针，并进一步具体阐述了这一方针的内涵。江泽民的传统文化观相较于毛泽东和邓小平而言，在继承科学理论的基础上，更加坚持与时俱进的态度，强调了"时代性、实践性和先进性"。

第一，江泽民进一步丰富和完善了关于中华优秀传统文化的突出地位和时代意义的相关论述。江泽民强调文化是一个国家综合国力的重要标志，同时指出了中华民族五千年的文明历史文化是中国特色社会主义文化的渊源所在。此外，江泽民还认为继承中华优秀传统文化应与吸收借鉴世界其他国家的先进文化并重，强调："既不要妄自尊大，也不要妄自菲薄，要学习各方面的知识，继承和发扬中华民族的优秀文化传统。"[1]

第二，江泽民在广大青年的思想政治教育中明确了对中华优秀传统文化教育的重视。1997 年，江泽民在哈佛大学的演讲中对中华民族伟大的民族精神进行了概括，即"以爱国主义为核心的团结统一、爱好和平、勤劳勇敢、自强不息的伟大民族精神"[2]。"哈佛演讲"是他对中华传统文化的继承发展作出的最为集中、最为系统的一次阐述，是江泽民传统文化观的重要组成部分。他对中国历史长河中所形成的深刻影响今天中国人的价值观念、生活方式和中国的发展道路的优良历史文化传统作了科学的概括，这就是"团结统一的传统""独立自主的传统""爱好和平的

---

[1] 江泽民会见高校党建和中小学德育工作会议代表时指出加强学校党建和精神文明建设 [N] . 人民日报，1997-06-12.

[2] 中国共产党第十六次全国代表大会文件汇编 [M] . 北京：人民出版社，2002：38.

传统""自强不息的传统"和"变革创新的精神"①，这些优良历史文化传统在历史的洪流中历经变迁，伴随着社会的进步和中国特色社会主义的发展，得以持续传承和发扬光大。至今，它们仍然对中国人民的价值观念、生活方式以及国家的发展道路产生着深远而重大的影响。这些传统不仅是文化的瑰宝，更是国家发展的宝贵财富。这些传统、精神在当代的集中体现和创造性发展就是"改革开放"，而源远流长的中华文化则是中华民族的灵魂归宿和精神本源。同时，江泽民对广大青年也寄予了殷切希望，认为广大青年应该"继承和发扬祖国的优秀文化传统和民族精神。要有一种民族自豪感，要有一种民族志气，要有一种民族气节"②。

在党的十六大上，江泽民根据我国的优良文化传统提出了民族精神的理论，"在五千多年的发展中，中华民族形成了以爱国主义为核心的团结统一、爱好和平、勤劳勇敢、自强不息的伟大民族精神"③。他还指出在中国的文学和艺术领域，也形成了同这种历史文化传统相一致的，同屈原、李白、杜甫、关汉卿、曹雪芹等伟大作家艺术家的英名连在一起的民族精神、文艺传统。这一观点凸显了江泽民对中国传统文化的高度重视及其所承载的民族精神的高度赞誉。对于文艺创作，江泽民倡导文艺创作者们创作体现中华民族精神和时代进步精神的作品，来启迪人们的心智，激励人们的斗志，用以教育人、鼓舞人和鞭策人。同时，他站在发展与创新的高度，强调要以马克思主义的科学态度审视文化传统和文化遗产。我们不应沉迷于过去的遗产中停滞不前，尤其是不能错误地将传统文化中的糟粕当作精华，让腐朽、低俗和封建迷信的内容泛滥，侵蚀人们的精神世界。同时也应避免民族虚无主义和全盘西化的极端倾向，应当在继承中剔除糟粕，不断创新，与时俱进，从而推动民族文艺的繁荣与发展。尤其要将继承发扬民族优秀传统文化同新的实践和

① 江泽民．增进相互了解，加强友好合作：在美国哈佛大学的讲演［N］．人民日报，1997-11-02．
② 毛泽东邓小平江泽民论青少年和青少年工作［M］．北京：中央文献出版社、中国青年出版社，2000：238．
③ 江泽民．全面建设小康社会，开创中国特色社会主义事业新局面：在中国共产党第十六次全国代表大会上的报告［J］．求是，2002（22）：3-19．

时代的要求结合起来，同人民群众精神文化生活的需要结合起来，古为今用，推陈出新，"充分体现时代精神和创造精神"，"积极进行文化创新，努力繁荣先进文化，把亿万人民紧紧吸引在有中国特色社会主义文化的伟大旗帜下"①。

由此可见，江泽民的传统文化理论是马克思主义文化理论原理与中国本土文化建设结合的产物。这一理论既继承了历史的精华，又随着时代的步伐不断发展，展现了一脉相承又与时俱进的传统文化观，为我国文化的繁荣与发展提供了坚实的理论支撑。

四、胡锦涛传统文化观

进入 21 世纪发展阶段，胡锦涛更加注重中华优秀传统文化的实践作用，在继承前人思想的基础上，进一步沿着促进中华优秀传统文化转化与发展的道路前行。党的十六大以来，以胡锦涛同志为核心的党中央在准确把握世界发展趋势、认真总结我国发展经验、深入分析我国发展阶段性特征的基础上，从新世纪新阶段党和国家事业发展全局出发提出了科学发展观。这一理论成果在我国社会主义现代化建设中占据着举足轻重的地位。从文化角度来看，它深深植根于中国传统文化的沃土，作为中国社会主义现代化建设历程中的突出理论成果，汲取了以人为本、中庸协和、天人合一等中国传统人文精神，实现了对中华传统文化精髓的继承与创新。科学发展观不仅是对我国传统优秀文化的有机整合，更是对其在新时代背景下的深化与发展。

第一，胡锦涛接续发展中国特色社会主义理论体系，同时又以中华优秀传统文化精华部分为基础，提出了建设与其相符合承接的社会主义社会发展理念和社会主义文化建设要求。胡锦涛先后强调："中华民族是优秀文化，生生不息，绵延不绝，是我国人民几千年来克服艰难险

① 江泽民.团结奋斗，繁荣社会主义文艺：在首都元宵节文艺界座谈会上的讲话［N］.人民日报，1991-03-01.

阻、战胜内忧外患、创造幸福生活的强大精神力量。"①"中华文化是中华民族生生不息，团结奋进的不竭动力。"②并主张继续坚持"古为今用、推陈出新"等发展方针。2006年3月4日，胡锦涛在参加全国政协会议期间提出了以"八荣八耻"为主要内容的社会主义荣辱观，赋予了传统文化中的"荣辱观"以新的时代内涵，重新构建具有社会主义性质的荣辱观。社会主义荣辱观为全体社会成员判断行为得失、作出道德选择提供了价值标准，巧妙地融合了中华民族的传统美德、革命道德以及时代精神，形成了普遍认同的基本行为规范。加强道德建设，是社会主义核心价值体系的核心内容。而"德治"思想是中国传统文化的一条重要的政治伦理，社会主义荣辱观的内容也是对中国几千年儒家文化提倡的"德治"思想的继承和发展。

第二，在青年思想政治教育工作上，胡锦涛认为必须进一步提升青年大学生传承与弘扬中华优秀传统文化的使命感与责任感。2005年，胡锦涛在全国加强和改进大学生思想政治教育工作会议讲话中指出，要把爱国主义教育置于重点，并深化民族精神教育。中华民族精神是中华优秀传统文化的精髓所在，更是青年促进个人素质全面发展的精神力量。正如胡锦涛对广大青年所号召的，一个有强大精神支柱的民族，才能自立自强于世界民族之林，一代有强大精神支柱的青年，才能肩负起重大的历史使命。在文化方针上，胡锦涛结合进入21世纪后我国先进文化建设中存在的突出问题，提出了对待传统文化的基本原则，指出不仅要继承和发扬前人的文化创造，还要勇于在新的时代条件下进行新的文化创造。由此形成了新的文化观。胡锦涛指出："大力发展社会主义先进文化，必须珍视并传承优秀的民族文化传统，同时积极吸纳人类社会的先进文明成果。"③中国在几千年发展的历史长河中，形成了优良的历史

① 胡锦涛.在中国文联第八次全国代表大会中国作协第七次全国代表大会上的讲话[N].人民日报，2006-11-11（001）.
② 胡锦涛.高举中国特色社会主义伟大旗帜为夺取全面建设小康社会新胜利而奋斗[N].人民日报，2007-10-25（001）.
③ 胡锦涛文选：第3卷[M].北京：人民出版社，2016：565.

文化传统，这些传统不仅影响了古代中国，也对当代中国产生了深远的影响。对于我国几千年历史留下的丰富文化遗产，应该采取批判性的态度，取其精华，去其糟粕，结合时代精神加以继承和发展，做到古为今用。同时还需结合新的实践和社会需求，特别是人民群众的精神文化生活需求，积极进行文化创新，建设符合时代要求的社会主义先进文化。

胡锦涛的传统文化观主要聚焦于传承与弘扬，以推动中国特色社会主义文化的建设与发展为实践导向。通过坚持民族性、世界性和时代性的统一，推动构建了传统文化的话语体系，实现了传统文化的现代化转型，进一步增强了文化的生机与活力。由此可见，胡锦涛在继承与弘扬中国传统文化方面具有显著的创新与突破，同时在文化政策层面也拥有了进一步的发展。这些理论深化了中国共产党的传统文化观，体现出对中华优秀传统文化的理解和认同，为中国特色社会主义文化建设提供了宝贵的经验。

第三节　习近平关于中华优秀传统文化的重要论述

党的十八大以来，以习近平同志为核心的党中央高度重视中华优秀传统文化教育的发展，尤其是与高校人才培养的时代发展要求、青年个人全面发展的主体诉求相关联，取得了历史性的新高度。习近平总书记对中华优秀传统文化的重要性、开展相关教育的培养目标、对教育主体的要求、教育内容的要求等进行了重要论述，对促进新时代条件下高校中华优秀传统文化教育的深入发展具有重要的理论指导意义。

第一，中华民族的独特价值理念和鲜明文化集中彰显在中华优秀传统文化之中。习近平指出："中华优秀传统文化是中华文明的智慧结晶和精华所在，是中华民族的根和魂，是我们在世界文化激荡中站稳脚跟的根基。"① 这表明中华优秀传统文化具有既一脉相承又与时俱进的独特魅力，这也正是新时代坚持继承与创新的实践映射。中华优秀传统文化随着历史的发展和人民群众生产生活实践的深入而不断发展，既深深植根于民族血脉之中，又以其独特的价值为世界文化宝库增添了重要的一笔，是世界文化瑰宝的重要组成部分。习近平总书记又把中华优秀传统文化的核心思想概括为"讲仁爱、重民本、守诚信、崇正义、尚和合、求大同"。这些核心思想是几千年历史沉淀下中华文化精华的集中体现，在当今时代依旧焕发着生机与活力，具有鲜明的时代价值。由此可见，中华民族所具有的独特价值理念和鲜明文化特色都集中彰显在中华优秀传统文化中，有着不竭的生命力。这为习近平传统文化观的形成提供了深厚的历史文化资源。

中华优秀传统文化是坚定文化自信的重要组成部分。习近平指出："坚定文化自信，离不开对中华民族历史的认知和运用。"② 坚定文化自信需要传承和弘扬好中华优秀传统文化，激发民族精神。国家和民族需要重新聚焦和探索自身独特的文化传统，从中发掘出不竭的精神力量，涵养对自身历史文化的强烈认同感和自信心。只有植根于中华优秀传统文化，并从中吸收有营养的部分，我们的文化自信才能拥有坚实的历史支撑，进而提升国家的文化软实力。

第二，习近平在继承马克思主义文化建设思想的同时，以辩证的视角审视中华优秀传统文化，强调在传承和弘扬传统文化的过程中必须精准把握继承与发展的辩证关系。习近平指出："要处理好继承和创造性发展的关系，重点做好创造性转化和创新性发展。创造性转化，就是要按照时代特点和要求，对那些至今仍有借鉴价值的内涵和陈旧的表现形式加以改造，赋予其新的时代内涵和现代表达形式，激活其生命力。创新性发展，就是要按照时代的新进步新进展，对中华优秀传统文化的内

---

① 把中国文明历史研究引向深入推动增强历史自觉坚定文化自信 [N].人民日报，2022-05-29（001）.

② 中共中央文献研究室.十八大以来重要文献选编：下 [M].北京：中央文献出版社，2018：476.

涵加以补充、拓展、完善，增强其影响力和感召力。"① 首先，关于中华优秀传统文化的创造性，是指应持有审慎的态度，既要有所鉴别地接纳，也要有所扬弃地继承。要将传统文化中具有现代价值的思想内涵进行提炼，同时还要对其中可能存在的落后表现形式进行现代化转化，使之更符合现代社会的需求和表达方式。其次，对于中华优秀传统文化的创新性发展，尽管一些文化蕴含着丰富的思想价值，对现代社会具有借鉴意义，但它们同样受限于其产生的历史和社会条件。为了充分继承与弘扬这些文化，必须根据当前时代的需求，对其内涵进行更新和完善，使其焕发新的时代意义。

第三，在国际交流中，习近平依旧重视中华优秀传统文化的作用，他倡导了中华文化"走出去"的理论。习近平强调，中华文化的发展必须深深植根于我们的历史文化传统之中，这样才能在与世界各国的文化交流中充分展现中华民族的独特魅力和深厚底蕴。在吸收其他国家的优秀文化时，要不忘本来，始终保持中华文化的独特性和纯粹性。"必须建立优秀传统文化的国际认同，在这个过程中，优秀传统文化的受众不仅仅是中国人民，而且是来自各个国家、各个民族的世界人民。"② 这一理论不仅有助于讲好中国故事，由此提升中华文化的国际影响力，也有助于增强文化自信，发展中华优秀传统文化。中华文化最终将面向世界、走向世界。

由此可知，新时代建设中国特色社会主义文化强国，必须重视中华优秀传统文化，使传统文化在推动中国式现代化建设的今天绽放独特光彩。习近平传统文化观以马克思主义为指导，用科学的理论体系丰富并发展了马克思主义文化观和中国特色社会主义文化思想，彰显出巨大的精神价值，弘扬中国精神，凝聚中国力量。

① 习近平. 在主持中央政治局第十三次集体学习时的讲话 ［N］. 人民日报 2014-02-26（01）.
② 梁皓，崔丽. 中华优秀传统文化何以"走出去"［J］. 人民论坛，2018（28）：138-139.

一、中华优秀传统文化的历史意义

中华优秀传统文化具有非常重要的历史地位与时代意义，2014年2月24日，习近平总书记在中央政治局第十三次集体学习讲话中明确强调了其重要地位，并指出："中华传统美德是中华文化的精髓，蕴含着丰富的思想道德资源。"①2018年，在全国宣传思想工作会议上习近平总书记又指出了我国优秀传统文化中的精神内涵、思想观念等内容对解决人类问题具有重要作用，在当今社会仍具有重要的时代价值与世界意义。2022年5月27日，习近平总书记在十九届中央政治局第三十九次集体学习的讲话中强调了坚持和发展中华优秀传统文化是我们在世界文化激荡中站稳脚跟的根基所在。在党的二十大报告中，习近平总书记从坚持和发展马克思主义中国化、社会主义文化发展的角度阐述了结合运用好中华优秀传统文化的重要性。此外，关于其对于中国式现代化发展的关键意义也有所阐述。2022年8月，习近平总书记在辽宁考察时的讲话提出："中国式现代化是物质文明和精神文明相协调的现代化，要弘扬中华优秀传统文化。"②2023年2月7日，习近平总书记在新进中央委员会的委员、候补委员和省部级主要领导干部学习贯彻习近平新时代中国特色社会主义思想和党的二十大精神研讨班开班式上的讲话中提及了中国式现代化是深深植根于中华优秀传统文化的。由此可知，中华优秀传统文化具有如此深厚的历史意义，也具体表现在优秀传统文化与马克思主义的历史碰撞、优秀传统文化与思想政治教育的历史契合两方面之中。

（一）优秀传统文化与马克思主义的历史碰撞

随着16世纪以来的地理大发现，世界各民族、国家和地区的历史便从此不再是孤立的存在；继而工业发展所取得的革命性成果，更是

---

① 习近平在中共中央政治局第十三次集体学习时强调把培育和弘扬社会主义核心价值观作为凝魂聚气强基固本的基础工程［J］.党建，2014（03）：4+6.
② 在新时代东北振兴上展现更大担当和作为奋力开创辽宁振兴发展新局面［N］.人民日报，2022-08-19（001）.

"首次开创了世界历史，因为它使每个文明国家以及这些国家中的每一个人的需要的满足都依赖于整个世界，因为它消灭了各国以往自然形成的闭关自守的状态"①。因而，不同民族、不同地域的自给自足状态逐步转变为涉及经济、政治、文化等全方位的交流与碰撞、冲突与依赖。中华民族正是在这样的历史背景下开始了与世界各民族文化的深度交流、交融和交锋。然而，"与外界完全隔绝曾是保存旧中国的首要条件，而当这种隔绝状态通过英国而为暴力所打破的时候，接踵而来必然是解体的过程，正如小心保存在密闭棺材里的木乃伊一接触新鲜空气便必然要解体一样"②。于是，在同西方文化的对抗过程中，中华民族被动地发现了我们的综合国力史无前例地处于劣势，显得弱不禁风、不堪一击，甚至连整个民族都已经面临四分五裂、亡国灭种的危险。这不仅从理智和情感上拷问着国人的文化自信，也迫使中华文化不得不作出何去何从的历史抉择，此时不同阶层、社会各界实施了各式各样的救国方案。然而，无论是以太平天国运动为代表的波澜壮阔的农民起义战争，还是以洋务运动为代表的统治阶级从器物层面着手的自我改良，抑或以戊戌变法为代表的变法维新乃至以辛亥革命为代表的全面学习西方的政治与经济制度，彻底推翻清王朝封建统治的民主革命，最终都没能从根本上解决中国的问题，改变旧中国饱受屈辱的落后面貌。当然这些失败并不意味着完全是徒劳和毫无意义的，每一次抗争都对国人的思想观念产生了强烈的冲击，都使中国的社会形势发生了深刻变化，并为下一步更加全面、彻底的革命积累了丰富的经验、创造了先决条件。

随着俄国十月革命的一声炮响，社会主义第一次由科学理论编成了生动现实，马克思主义才终于得以登上了中国的历史舞台。一条新的救国道路呼之欲出，那就是以马克思主义为理论指导的社会主义道路，它的科学原理和价值追求得到了越来越多仁人志士的认同与拥护，并且从此彻底地改变了中华民族的历史命运。经过一次次生死考验，前赴后

① 马克思恩格斯选集：第 1 卷［M］. 北京：人民出版社，2012：194.
② 马克思恩格斯选集：第 1 卷［M］. 北京：人民出版社，2012：780-781.

继、不忘初心，怀着对实现社会主义与人类解放和人的自由全面发展的崇高价值的执着追求，中国共产党在一次次挫折与锤炼中，认真总结历史经验，从弱到强，从青涩走向成熟，带领全国人民实现了震惊世界的历史飞跃。

由此可以说明的是中华优秀传统文化与马克思主义的历史碰撞既是近代中国进行文化反思、文化选择、文化创造的主观努力结果，也是社会形态变化与文化演进客观规律的必然。在科学革命理论的指导下，马克思主义与中华优秀传统文化相结合，形成了"两个结合"，同时创造出了新的思想理念、价值追求、精神品格，中国共产党人弘扬伟大建党精神，铸就了一系列伟大精神，构筑起中国共产党人的精神谱系。如新民主主义革命时期的红船精神、井冈山精神、长征精神、延安精神、西柏坡精神等，突出体现了以马克思主义为指导，中华优秀传统文化与中国精神在革命年代的发展和转化，蕴含了各族人民对民族独立、国家富强美好生活的向往。新中国成立后，社会主义文化作为首次在古老的中国占统治地位的文化，与中华优秀传统文化迈向了全面、深入交流融合的新阶段。在国家建设和改革的实践中、在不同历史时期的各种现实挑战中，不断凝练形成了以雷锋精神、"两弹一星"精神、抗震救灾精神、奥运精神等为代表的社会主义先进文化，这其中也映射出中华优秀传统文化的历史影像。中国特色社会主义进入新时代，铸就了脱贫攻坚精神、探月精神、新时代北斗精神，这些优秀传统文化深深根植于每个中国人的心中。

（二）优秀传统文化与思想政治教育的历史契合

20 世纪初，新文化运动与五四运动的爆发推动了人们的思想解放，马克思主义的传播重塑了民众的价值观念与民族精神。在这一过程中，我国思想政治教育开始萌芽。1921 年中国共产党成立，这既是在群众中开展马克思主义思想政治教育的成果，同时也是党领导下开展思想政治教育的开端。自诞生以来，中国共产党就自觉地传承与弘扬中华优秀传统文化，在实践中运用优秀传统文化为中国开辟革命创造有利的思想条件。在党的领导下，中华优秀传统文化与马克思主义在碰撞中交汇，中华优秀传统文化与思想政治教育也在传承发展中相互影响，不断加深彼此之间的关联。在革命斗争阶段，党通过开展广泛有效的思想政治教育，启发了民众觉悟与爱国主义热情，培养了大批革命后备力量；通过宣传党的纲领方针，奠定广泛坚实的群众基础，建立了革命统一战线。在土地革命、红军长征、抗日革命和解放战争等不同历史时期开展深入的思想政治教育，对统一革命思想、严肃政治纪律、凝练革命精神发挥了巨大作用，极大地提高了党和人民军队的战斗力凝聚力，保证了革命队伍的纯洁性和先进性。随着革命实践的深入，党对于思想政治工作重要地位的认识不断强化，提出了思想政治工作"生命线"的论断，最终形成了系统阐述并上升为理论。思想政治也在这一过程中从萌芽走向成熟。

新中国成立后，中国共产党在执政条件下开始了在全国范围进行思想政治教育的全新历史时期，高校思想政治教育成为巩固马克思主义指导思想地位、传播主流意识形态，确保社会主义事业后继有人的重要保证。改革开放以来，随着我国社会主义事业进入新的历史时期，思想政治教育也从一段时间以来的挫折和扭曲中走上科学发展的道路。从这时起，以高校思想政治教育为重要组成部分的思想政治教育在研究新情况、解决新问题、总结新经验、提升新理论的过程中发挥了巨大的思想保证作用，高校思想政治教育的理论和实践也得到了突飞猛进的发展。思想政治教育作为马克思主义理论二级学科和专业积累了大量的符合中国发展需要、具有民族特色的研究成果，培养了一代代具有爱国之情、报国之志的合格人才。在这样一个漫长的历史过程中，党始终将优秀传统文化运用于思想政治教育之中，运用中华民族在历史上创造的精神财富以文化人、以文育人。以毛泽东为代表的中国共产党人，就是通过这样灵活的方式不断推动了中华优秀传统文化与思想政治教育实现历史的具体的契合。

总之，伴随着中国近代以来的风起云涌，中华优秀传统文化与马克思主义穿越时空阻隔、突破最初的隔阂，必然地走到了一起，形成了"两个结合"中必不可缺的结合。在反复交流、交融中共同推动中华民族的历史文化的创新发展，因而在历史编织下具有了现实而紧密的联系。随着中国共产党领导革命走向胜利，新中国从成立到崛起，思想政治教育的本质内涵、知识体系、任务使命更加清晰，在不断的研究与实践中深刻认识到自身与中华优秀传统文化同质互生的深层联系与紧密关系，这也为探讨融入的主题奠定了牢固的历史基石。

二、中华优秀传统文化创新发展的目标方向

自 1919 年五四运动以来，中华优秀传统文化虽然经历了沧桑与低潮，但实质上一直以民族精神、价值取向、道德品质、思维方式等多种形式在国家与民族革命、建设、改革的全部历史进程中发挥着重要作用。在这段波澜壮阔的历史中，中华优秀传统文化依然是中华民族坚实的文化根基与精神命脉。但也应当看到，近代以来文化变迁中所呈现出的对传统文化的猛烈批判、对"传统与现代"问题的纠结，"反传统"浪潮的冲击、西方经济实力带来的思想震荡等投射在人们心中，形成了复杂的文化情感与教育心理。这在教育领域导致了中华传统文化研究人才出现萎缩和断层，优秀传统文化内容在人才培养中出现不足甚至缺失，青年一代对民族文化认识的模糊和理解出现偏差等问题。中国共产党自成立以后就在曲折的发展过程中延续了中华民族的血脉。在改革开放以后，党提出了一手抓物质文明建设，一手抓社会主义精神文明的战略方针，有力地推动了思想文化的繁荣发展，极大地推动了高校思想政治教育的内容的丰富与实践拓展，为中华文化融入高校思想政治教育创造了良好的宏观环境。同时，党和国家领导人重新恢复了对传统文化批判继承的原则，并在国家建设的实践当中不断提高对优秀传统文化重要价值的科学认识，将传承与弘扬优秀传统文化上升到国家发展的重要战略位置进行统筹部署。另一方面，伴随着改革开放的不断深入，高校

思想政治教育不断深入，高校思想政治教育不断总结反思自身在人才培养过程中存在的不足，进一步开启了高校思想政治教育科学化发展，中华优秀传统文化不断融入高校育人实践的历程。进入新时代，中华优秀传统文化融入高校思想政治教育的实践探索迈上了新台阶，开拓了新局面。在当代高校培育德智体美劳全面发展的社会主义建设者和接班人的目标指引下，科学总结已经取得的积极成果，同时也客观认识有待完善的问题，是进一步推进优秀传统文化融入思想政治教育，提高高校立德树人实效的现实之需、发展之要。

关于中华优秀传统文化创新发展的培养目标，习近平总书记在2018年全国教育大会上强调，要培养德智体美劳全面发展的社会主义建设者和接班人。在党的二十大报告中，他指出了强化现代化建设人才支撑，必须坚持为党育人、为国育才。习近平总书记认为"培养什么人、怎样培养人、为谁培养人"是我们的教育要回答的最根本最首要的问题，同时也是中华优秀传统文化融入高校思想政治教育所要坚持的根本目标指向。作为继承与创新的主体力量，青年在当代弘扬中华优秀传统文化中的力量不容忽视。为此，习近平总书记强调："要让中华民族文化基因在广大青少年心中生根发芽。"① 要对其中的思想精华加强学习与掌握，以便使广大青年树立正确的世界观、人生观和价值观。

三、中华优秀传统文化对推进现代化的重要作用

中华文明是人类文明发展史中的璀璨之花，其生生不息的发展活力，还来自其统一性与包容性。中华文明的发展并非一帆风顺，而是经历艰难曲折并在探索发展中积累了丰富的治国理政经验。这既得益于"观今宜鉴古，无古不成今"的传统文化智慧，也得益于融为一体的各民族文化，还得益于国家统一、民族团结的共同信念。这种统一性不是

---

① 中共中央宣传部.习近平总书记系列重要讲话读本［M］.北京：学习出版社，2016：188.

封闭、僵化的，而是开放、包容的融合为一，是在统一性基础上秉持交往、交流和交融的历史取向，是对世界文明兼收并蓄的开放胸怀。在现代化进程的制度性探索中，中国共产党带领中国人民历经曲折和艰难探索，走出了一条符合自身国情的中国特色社会主义道路，成功开辟了中国式现代化。"国之称富者，在乎丰民。"中国共产党秉承以人民为中心的立场和情怀，呼应人民对共同富裕的期盼，致力于实现全体人民共同富裕。"天地与我并生，万物与我为一。"中国式现代化走出了一条尊重自然规律、顺应绿色发展潮流的道路，秉承"绿水青山就是金山银山"理念，以整体性思维把握生态文明建设，把以人民为中心理念融入生态思想，体现以人为本的崭新内涵与开阔视野。"大道之行也，天下为公。"中国共产党不仅着眼于中国式现代化的稳步推进，创造出现代化建设新图景，而且以胸怀天下的博大胸襟，弘扬全人类共同价值，推动构建人类命运共同体。

在漫长的历史长河中，各族人民共同创造了丰富多彩的中华文化，铸就了中华民族共有精神家园，汇聚起生生不息、团结奋进的强大精神动力。中华民族保持着恢宏格局与开放胸怀，在文明的交流互鉴过程中不断吸纳世界优秀文明成果，在丰富人民精神世界、创造中国式现代化的文化形态中不断彰显着新的活力，赋予中华民族现代文明以深厚底蕴。面对新时代新的文化使命，我们要立足文化高质量发展，发扬中华优秀传统文化的宝贵精神和价值观念，确立创造时代文化精品和传世之作的高远志向，高质量推动文化传承创新水平，高标准提供文化服务与产品供给，使中华文明之花更加璀璨繁盛。

四、中华优秀传统文化对于培育时代新人的重要价值

2014年2月24日，习近平总书记在十八届中央政治局第十三次集体学习时强调，培育和弘扬社会主义核心价值观必须立足于中华优秀传统文化。牢固的核心价值观，都有其固有的根本。抛弃传统、丢掉根

本，就等于割舍了自己的精神命脉。博大精深的中华优秀传统文化是我们在世界文化激荡中站稳脚跟的根基。中华文明源远流长，存续千载，积淀着中华民族最深层的精神追求，代表着中华民族独特的精神标志，为中华民族生生不息、发展壮大提供了丰富滋养。深挖优秀传统文化中的精神内核，取其精华，去其糟粕，用中华优秀传统文化培育时代新人是实现中华民族伟大复兴的必然选择。

第一，将传统文化以新渠道、新手段教育新时代青年。开辟有效教育渠道，从"知"进行引导。从纵向角度来看，社会主义核心价值观是在继承人类优秀思想文化的基础上凝练而成的；从横向角度来讲，中华优秀传统文化对社会主义核心价值观的涵养作用是客观的。因此，要不断引导传播弘扬中华优秀传统文化的文艺节目、影视作品、公益广告进校园，涵养新时代青年的担当意识、爱国情怀、荣辱观念，营造良好的校园舆论氛围。要用大众化的语言，以生动活泼、喜闻乐见的方式宣传报道道德模范事件和榜样，大力弘扬中华优秀传统文化中的核心思想理念，从而保证新时代青年将社会主义核心价值观内化于心、外化于行、固化于性。开辟有效教育渠道，从"行"进行培养。培育和践行社会主义核心价值观，宣传和普及中华优秀传统文化，要把丰厚的中华文化资源与现代数字的数字存储、网络传播技术结合起来，让中华优秀传统文化走进互联网，使网络成为弘扬中华优秀传统文化的重要载体。充分利用各种不同的网络新媒体技术手段，加大普及宣传力度，对优秀传统文化进行大众化阐释，尤其是对中华文化典籍、非物质文化遗产进行积极的现代解读，并赋予新的时代内涵，使新时代青年看得懂、记得住、用得上，使更多的新时代青年了解传统文化，喜爱传统文化，成为优秀传统文化的传承者和践行者。

第二，用中华优秀传统文化中的义利观培育时代新人的经济利益观。随着改革开放的不断深入，西方资本主义世界所萌生的拜金主义思潮逐渐祸水东引。改革开放在吸纳新鲜空气的同时，苍蝇、蚊子也乘虚而入，"向金钱看齐""金钱利益至上"等观念在中国人的思想中生根发芽，深深影响了中国 20 世纪 80 年代以后的青年人，在这种金钱利益观的驱使下，一些人借机大搞投机主义，操控股市、货币，撬动经济杠杆，钻法律的空子。伴随许家印恒大集团债务纠纷等一系列问题的逐渐暴露，中国当今的经济社会问题愈发凸显。许多年轻人为了追求更高的薪资待遇选择移民发达国家，并为其效力。据不完全统计，就美国硅谷一处的华人工程师已超过其全部科研人员的半数，他们为美国制造芯片、研发高科技，这些东西最后都用来卡中国的"脖子"，经济发展失衡，大量人才流失，我们所面临的问题层出不穷，如何解决这些矛盾、为新一代的青年树立良好的经济利益价值观念，中华传统文化中的义利观念便为我们提供了一套科学的解决方案。习近平总书记对中华优秀传统文化教育主体也提出了要求。他深刻阐述了教育主体队伍在高校落实立德树人任务承担的重要责任，即必须在广大学生成长发展的过程中做好引路人的角色。应努力传播先进的思想文化并坚定拥护党的领导。思想政治理论课教师在高校思想政治教育中承担着主要职责，习近平总书记认为办好思想政治理论课关键在教师。此外，习近平总书记也对教育主体开展中华优秀传统文化教育的方式提出要求："中华优秀传统文化教育抓早抓小、久久为功、潜移默化、耳濡目染，有利于夯实传承中华优秀传统文化的根基。"[1]

习近平总书记对中华优秀传统文化教育内容也提出了要求，多次强调要讲好中国故事，特别是其中蕴含的优秀历史文化传统。在 2022 年的北京冬奥会、冬残奥会总结表彰大会，习近平总书记在讲话中提及"坚定文化自信，更加自信从容传播中国声音、讲好中国故事"[2]。在十九届中央政治局第三十七次集体学习中的讲话，他谈及了中华优秀传统文化中所蕴含的人文关怀理念并指出，"中华文化历来强调对人的尊重和

---

[1] "我一直关心新疆的建设发展"：记习近平总书记在新疆考察[N].人民日报，2022-07-17.

[2] 北京冬奥会冬残奥会总结表彰大会隆重举行[N].人民日报，2022-04-09（001）.

关怀"①。而在对待中华传统文化内容上，习近平总书记认为要在继承前人成果的基础上实现创新，强调"有鉴别地加以对待，有扬弃地予以继承"②。2022 年 5 月 27 日，在十九届中央政治局第三十九次集体学习时，习近平总书记同样也对这一内容进行了论述，并提出"要坚持守正创新，推动中华优秀传统文化同社会主义社会相适应"③。总体而言，习近平总书记对于中华优秀传统文化的传承发展的论述与十八大以前中国共产党主要领导人一脉相承，但同时又突出了推动中华优秀传统文化的创造性转化和创新性发展的重要性。

中国传统的义利观是儒家对义与利两个观念的含义及其关系的看法，也是一种经济伦理思想。义者，"事之所宜也"，是某种特定的伦理规范、道德原则，是儒者们心中至高无上的道义；利者，"人之用曰利"，后世多指物质利益。如何看待二者的关系，变形成义利观。正确的义利观强调义利相兼，以义为先，强调义在利之上。用中华传统义利观教育新时代新人就是要让青年一代在商业角逐中要以国家、民族利益为重，坚决杜绝不当竞争，坚决反对为了自己一己私欲而损害人民利益的行为；在社会生活中，坚持遵循道德规范，淡化金钱至上的观念，严厉抵制权钱交易、拜金主义思想，共同构建和谐社会；在婚姻上，要重视感情，尊重现实，要牢记建立在金钱上的爱情是不牢靠的，要将对家庭的责任、对孩子的责任、对社会的责任建立在金钱利益之上，要让知义知耻的信条深刻印记在新一代人的思想中。

五千年来，中华优秀传统文化以其独有的文化魅力、海纳百川的包容胸襟，在当今风起云涌的时代洪流中依然熠熠生辉，挖掘传统文化深层底蕴，筑牢文化自信的根基，建设文化强国，我们广大青年使命在身，重任在肩。我们要不断赓续文化血脉，以传承中华优秀传统文化为

① 坚定不移走中国人权发展道路更好推动我国人权事业发展［N］.人民日报，2022-02-27（001）.
② 习近平谈治国理政：第 1 卷［M］.北京：外文出版社，2014：164.
③ 把中国文明历史研究引向深入推动增强历史自觉坚定文化自信［N］.人民日报，2022-05-29（001）.

己任，让中华优秀传统文化在实现中华民族伟大复兴的征途中，在建设社会主义现代化国家的新征程上焕发绚丽光彩。

中华优秀传统文化融入高校思想政治教育的基本问题

　　把中华民族五千多年文明历史所孕育的中华优秀传统文化作为社会主义先进文化建设的精神基因，使之成为社会主义先进文化建设包括思想政治教育的积极因素，是以习近平同志为核心的党中央对中华优秀传统文化的鲜明态度。中华优秀传统文化拓展了思想政治教育的文化资源，使之融入高校思想政治教育，可以发挥高校培育堪当民族复兴重任的时代新人的重要作用。中华优秀传统文化与思想政治教育具有紧密的联系，高校思想政治教育对待文化属性和马克思主义的科学理论指导使中华优秀传统文化融入高校思想政治教育成为可能。高校思想政治教育提升文化涵养的内在需要，推动文化传承的重要责任以及增强文化自信的使命追求，使中华优秀传统文化融入高校思想政治教育的必要性和紧迫性显著增强，要深刻把握中华优秀传统文化与思想政治教育的内在联系，推动二者有机融合。

第一节　中华优秀传统文化融入高校思想政治教育的可能性

　　中华优秀传统文化源远流长、博大精深，孕育了中华民族宝贵的精神品格，积淀着中华民族最深沉的精神追求，是中华民族的智慧结晶，仍值得当下思想政治教育进行批判借鉴与合理吸收。思想政治教育作为一门具有鲜明中国特色的学科，要汲取中华优秀传统文化生生不息、发展壮大的丰厚滋养，为推进学科理论发展注入强大精神动力。思想政治教育以马克思主义为指导，马克思主义是不断发展开放的理论，在马克思主义的科学指引下，中华优秀传统文化通过创造性转化和创新性发展，顺应时代需求，使其融入高校思想政治教育成为可能。

一、高校思想政治教育具有文化属性和文化价值

从本身属性分析，思想政治教育的文化价值如此深厚的重要原因，是因为它和一般意义上的教育实践有所区别。在普遍情况下，教育能为人们提供的常常是知识经验和技能，而思想政治教育传授人们的则主要是思想、主动意识和价值观。可以看到，在作为社会个体的人的成长和进步过程中，思想政治教育肩负着非比寻常的历史使命，所以它和社会文化本身之间的关联性也无疑更加紧密。在一定的社会条件下，正是凭借思想政治教育实践在持续的历史演进中不断积淀形成的这种浓厚的文化底蕴，使它具备了强大的生机活力和影响力。同时也正是凭借这种强大的精神力量的激励和指引，使得思想政治教育能够在不知不觉中启迪人心，发人深省，促进人的全面发展，达到传播知识，改善社会风气，推动社会历史的进步和传承的重要作用，有效担负起教化人民群众，推动主流文化教育发展，为国家和民族的长远大计培育具有崇高理想信念和坚定政治立场的德才兼备的高素质人才的光荣使命。

文化"化人"和思政"育人"是互相影响、不容割裂的两个教育实践过程，二者共同的价值指向都是人。因此，从育人的层面来看，两者观点是一致的，从这个角度来看，不管是文化"化人"还是思政"育人"，都以人的全面发展为出发点和落脚点，都是一个培养对国家和社会有用人才的过程。深入分析发现，一方面，文化的感化作用和思想政治的教育功能都是以人为本、相辅相成的关系。从这个层面来看，此种意义上的人，首先是文化之人，诞生在文化影响人的过程。而在文化对人潜移默化的影响中，人们在逐步形成文化气质、培养文化品质之时，这里面对各种是非、美丑和善恶的评判标准，也在悄然形成，但这正是

思想政治教育的价值追求。从这种意义上来说以文化感染人和以思想政治引导人是紧密联系的。另一方面，以文化感染人和以思想政治引导人都是要达到教育目标，将二者优势共同发挥出来。探寻具体对策，不管是文化"化人"还是思政"育人"都要关注良好人格的养成，这就说明它们的目标和方向是一致的。在此前提下，虽然文化的功能和思想政治教育原则的切入点有所差别，文化的教化功能倾向于以文化感染人，而思想政治教育更侧重于政治引领。但它们应用在人的思想观念、道德品质和处世原则的评判标准上，则是相当一致的。

思想政治教育是培育集体文化的主渠道。实践中，高校校园文化建设以学工系统为主力，通过思想政治教育，可以帮助师生了解制度的必要性和重要性，掌握制度要求，并在实践中自觉遵守集体制度，按照相关制度行事。同时，积极参与制度的制定和修订，不断创新、完善制度，使之与不断变化的实际相适应，更好地规范、调节、引导集体行为。通过思想政治教育，可以影响集体成员的工作和生活态度，影响成员的行为方式和行为习惯，使之形成具有鲜明集体特色的行为作风。这既是长期集体熏染的结果，也是思想政治教育的结果。通过思想政治教育还可以深刻影响集体的价值取向、思想观念、情感态度。集体价值取向就是长期思想政治教育的结果。由于自身因素、社会因素等方面的影响，每个人的价值观都有所不同，但对于一个集体来讲，它必须要求一致的内心信念和价值判断标准，要求形成共同的价值取向，否则，就难以引导集体成员实现共同目标。这就需要思想政治教育整合集体成员的价值观，形成符合集体特性的共同价值，并引导集体成员认同、内化共同价值，将集体价值转化为个人价值。可以说，集体的精神文化的形成主要是通过思想政治教育来实现的，其发展、传承也主要是通过思想政治教育来实现的。

二、中华优秀传统文化与马克思主义理论兼具开放性

中华优秀传统文化在不断丰富与发展的过程中，需要处理好两个关系，即一方面在同外来文化的关系处理上，需要注重平等交流、彼此尊重、博采众长、汲取精华与为我所用，彰显的是一种包容性；另一方面在新旧文化的关系处理上，需要注重进步、优秀的文化品质，体现的是一种发展性。包容性是发展性的前提，发展性是包容性的结果。

包容性是中华优秀传统文化的突出特性。中华优秀传统文化的包容性是内生的，也是中华民族的气质所在，主要体现在中华优秀传统文化能够做到求同存异、和而不同，这是中国传统文化的核心理念之一。在对待外来文化上，习近平总书记讲道："对待不同文明，我们需要比天空更宽阔的胸怀。"① 中华优秀传统文化能够在汲取各种外来文化精髓的基础上，不断丰富内容，这不仅为中华优秀传统文化的发展提供了前提，而且也为中华优秀传统文化的国际化提供了基础，更为中华优秀传统文化的强大生命力提供了保障。

发展性是中华优秀传统文化的目标属性。中华优秀传统文化是一种发展性的文化，集中体现在思想、知识、技艺与实物等内容的演进、丰富与完善上。留存精华，剔除糟粕，是中华优秀传统文化得以不断发展的重要途径。中华优秀传统文化的发展一方面体现在优秀文化的数量上，另一方面也反映在文化成果的质量上，是优秀文化数量与文化成果质量的有机统一。同时，中华优秀传统文化的发展还体现在文化生产者的主体维度上、文化创造的时间维度上与文化生成的空间维度上，是主体、时间与空间三个维度的有机统一。

马克思主义是科学的世界观和方法论，深刻揭示了人类历史发展的客观规律，为人类进步和社会发展指明了正确方向，是我们认识世界和

① 习近平著作选读：第 1 卷 ［M］. 北京：人民出版社，2023：232.

改造世界的强大思想武器。马克思主义不是教条，而是行动指南，作为我们党的指导思想，马克思主义决定着社会主义精神文明建设的性质和方向。基于我国近代以来所进行的新民主主义革命，社会主义革命、建设、改革的光辉实践历程及由此所取得的举世瞩目的巨大历史成就，马克思主义不仅是指导中国革命取得胜利的科学理论，也是引领我国改革开放和社会主义现代化建设取得一个又一个彪炳史册历史性成就的思想武器。

马克思主义是不断发展的开放的理论，它的发展性和开放性是其具有超越时空的恒久价值的关键所在，它吸收人类历史上一切优秀思想文化成果。对于中国人民而言，马克思主义作为真理的力量，主要来自它不断探索时代发展提出的新课题，并同中国革命、建设、改革之实际相结合，应对新的风险挑战。作为马克思主义同中国工人运动相结合过程的结晶——中国共产党，在其诞生以来的百年光辉岁月中，成为推动马克思主义基本原理同中国具体实际相结合的典范。在那风雨如磐的峥嵘革命岁月，正是在中国共产党的领导下，才实现了马克思主义基本原理同中国具体实际相结合，同中华优秀传统文化相结合。

三、中华优秀传统文化与马克思主义间的紧密联系

马克思主义是推进中国特色社会主义伟大事业的思想武器，是推动文化强国建设的根本遵循。这就要求我们不管在什么样的历史条件下，都必须以坚定的决心守住马克思主义在意识形态领域的指导地位，绝不能有任何偏离和动摇。坚持马克思主义的指导，最重要的是坚持马克思主义的立场观点方法，依靠马克思主义中国化时代化的成果推动文化兴盛，处理好马克思主义与中华优秀传统文化之间的关系，当前最重要的是学习和贯彻习近平新时代中国特色社会主义思想，用以武装头脑，把握时代脉搏，推动工作不断取得新成效，使之转化为高度的政治自觉和政治能力。

传统是走向新时代的积淀与基础，不能随意丢弃，置之不理，那就成了无源之水、无本之木。中国共产党在马克思主义理论的科学指导下，提出了对待中华传统文化批判继承的重要方针。毛泽东说："今天的中国是历史的中国的一个发展；我们是马克思主义的历史主义者，我们不应当割断历史。从孔夫子到孙中山，我们应当给以总结，承继这一份珍贵的遗产。"① 又指出："清理古代文化的发展过程，剔除其封建性的糟粕，吸收其民主性的精华，是发展民族新文化提高民族自信心的必要条件；但是决不能无批判地兼收并蓄。"② 毛泽东对待传统文化的正确原则和方法，具有永恒的价值和意义。

对传统文化的传承弘扬，必须坚持守正创新。守正就是要坚持马克思主义在意识形态的指导地位，坚持中国共产党对文化工作的领导，坚持中国特色社会主义文化发展道路。创新要讲规律。创新重要的是独辟蹊径、不拘一格，但绝不是胡创、瞎创，心血来潮、不尊重规律，或者只是吸人眼球，一味标新立异、追求怪诞，如果那样，不仅创不出什么成果，不能成为优秀作品，反而很可能流于下品。创新要克服浮躁心态。创新不是简简单单、轻而易举的事情，它需要刻苦努力、锲而不舍、持之以恒地投入、钻研。

马克思主义基本原理同中华优秀传统文化的结合，不仅是马克思主义中国化的必然过程，也是中国化的马克思主义赋予马克思主义以鲜明的时代内涵的历程，是历史基础得以不断深化、群众基础得以不断巩固的必然过程。从历史主动向文化主动的跃升是"第二个结合"的根本性原则。创造性转化和创新性发展是中华优秀传统文化激发内在生命力和活力的重要表现，也是在文化形态上和中国化时代化的马克思主义相融合的必然过程。中华优秀传统文化源远流长、博大精深，是中华文明的内在基因与核心表达，具有深厚的历史文化底蕴，同世界其他优秀文明一道，内蕴创新性和开放性的特质，能够为世界文明发展提供正确的精

① 毛泽东选集：第 2 卷 [M]．北京：人民出版社，1991：534.
② 毛泽东选集：第 2 卷 [M]．北京：人民出版社，1991：707-708.

神引领。从历史自觉向制度自信、文化自信的飞跃是"第二个结合"的根本理念。中华民族历经数千年所积淀的文化精粹和文化精华生生不息、薪火相传是中华民族理论自信和文化自信的动力之源，历史自觉与二者相契合、相贯通，共同缔造了新时代思想理论的蓬勃发展。马克思主义基本原理同中华优秀传统文化中的文化精髓相结合是文化自信和理论自信提升的必由之路，这也是中华优秀传统文化的思想精华通过马克思主义中国化时代化的话语体系展示的必然过程，是具有包容性和创新性的理论形态。

第二节　中华优秀传统文化融入高校思想政治教育的必要性

在中国共产党人的号召和推动下，新中国的社会主义先进文化建设步伐大大加快，历经数十载的努力，风雨兼程，奋进不辍，取得斐然成就。当前，在新发展阶段的历史背景下，融合中华优秀传统文化、无产阶级革命文化以及社会主义先进文化而成的中国特色社会主义文化生态系统已粗具规模，这就为我国新时代思想政治教育文化生态的建构、完善和优化，提供了难得的历史性机遇。党的十八大以来，获得崭新历史定位的中华优秀传统文化，作为我国社会主义文化强国建设的重要环节和中华民族伟大复兴事业的基本元素，其重要历史地位和时代价值，获得以习近平同志为核心的党中央的充分肯定和高度评价，将中华优秀传统文化融入高校思想政治教育已经刻不容缓。

一、提升文化涵养是高校思想政治教育的内在需要

以文化人、以文育人是文化固有的功能与使命，因而高校文化育人

的落脚点在于育人，要解决的根本问题是以什么文化来育人，如何实现育人功能，育什么样的人。新时代，针对大学生的思想政治教育，在文化育人方面，就是要让大学生坚信中国特色社会主义文化能够为人类未来发展提供重要指引。当今社会各种思潮交锋角逐，意识形态领域的斗争异常激烈，中西方文化的较量此起彼伏受到多元文化的影响，大学生的功利化倾向日益明显，高校校园中的人文精神缺失，青年人理想信念弱化，价值观模糊。

学校是落实立德树人这一教育目标的责任主体，要充分发挥育人功能，在大学生成长成才过程中完成价值观培育、人格塑造和优化的根本任务。高校人才培养的过程，就是要创造一种既设的文化场域，帮助大学生认清自我，满足社会发展的现实需求，培养社会主义的建设者和接班人。这一过程，既需要通过显性的思想政治理论课程进行理论灌输和价值建构，更需要通过隐性的文化育人过程进行价值引导。各级各类高校需要采取各种文化育人的措施，以文化为切入点，通过文化传承、传播和创造，以润物细无声的方式，促进学生弘扬和践行社会主义核心价值观，提升文化素养和道德水平，为成为社会主义事业的建设者和接班人做准备。

文化育人的最终目的是应用特定文化所包含的思想观念对受教育者进行价值引领。在文化育人方面，必须充满人文色彩，从关心人、爱护人、培育人的角度，促进大学生的全面发展，提升思想政治教育的亲和力和针对性。在这一过程中，教育者和受教育者互为主体，需要采取相应方式使双方互相接纳，才能获得一致的价值认知，顺利完成育人目标。随着网络信息技术的发展，当代大学生的心理特征更加复杂化，他们获得信息的渠道更加多种多样，不但不满足传统教育方式的理论灌输，而且表现出极为强烈的自我表现欲望。因而新形势下，高校文化育人就需牢牢坚持学生的文化主体地位，在准确把握大学生成长规律和心理特征的前提下，充分发挥其学习的主动性，为他们营造有效的自我教育空间和平台创造良好条件，促使他们在能动的文化体验中获得深刻的文化自省，进而实现精神的升华。

大学生是一个敏感的群体，也是一个可塑性很强的群体，他们对新生事物的接受速度胜过年长一代，但是其对是非善恶、真假美丑的辨别能力又往往会受到外部世界的干扰。因此，高校文化育人需要在紧扣主流意识形态底线的基础上，把握学生的时代特征，密切关注学生的现实需求，有效运用网络时代的一些教育媒介，与时俱进、科学合理地改进教育方式，拓宽教育载体。新时代，高校文化育人的载体进一步得到了扩展，育人形式更加丰富多样，实效性进一步增强。

二、推动文化传承是高校思想政治教育的自觉选择

"文化传承"是常用的词语，但若要给它一个明确的定义，迄今还没有。根据"传"和"承"的意思，文化传承可以简要界定为文化传递与承接的社会现象。文化传承是文化赖以生存和发展的必要手段，它负载着将已有的文化创造和成果一代代地传递给后人，并由后人接受再传承下去的历史重任。文化传承主要是纵向传递，是一个民族文化内部的代际间纵向传递，体现的是源与流、继承与创新的关系。文化传承是文化共同体形成的前提条件，在人类文明早期，正是由于习得和传承共同的文化，才结成稳定的民族共同体。文化靠传承而进化，文化传承所能发挥的最重要作用，就是能够使民族文化在历史演进中呈现出延续性、完整性、稳定性的特征。

进入中国特色社会主义新时代，高校文化育人形成中国特色社会主义的文化育人导向，以社会主义核心价值观为灵魂，坚持各美其美、美美与共的文化自觉，在实现中华民族伟大复兴中国梦的实践中厚植爱国主义情怀，在坚持和加强党的全面领导下实现育人目标，在吸收建党以来高校文化育人的经验和教训的基础上，实现了高校文化育人工作的创新发展，为中国共产党高校文化育人从理论与实践上积累了宝贵经验。

习近平总书记对于中华优秀传统文化在中国特色社会主义进入新时

代伟大历史发展阶段中的战略地位、历史功用以及思想政治教育功能的充分肯定和价值定位，为我们党和国家在新时代进一步传承和弘扬传统文化奠定了坚实基础，提供了重要机遇，有效提高了思想政治教育的吸引力和感染力，为高校思想政治教育的发展提供了有效渠道，建设了重要阵地。

传统文化就在我们身边，就在我们的现实生活的强劲脉搏中跳动，我们随时都能感觉到它的存在。传统文化在对现实发生影响的同时，也发生着自身的蜕变与新生，展示出具有强烈时代感和现实感的魅力与风采。习近平总书记指出："不忘本来才能开辟未来，善于继承才能更好创新。"我们要建设中国特色社会主义先进文化，要开拓中华民族美好未来，就要传承利用好中华优秀传统文化，从中汲取精神和智慧的滋养。

总而言之，在鸦片战争以来的中国近现代180余年的漫长岁月里，一如中华民族从山河破碎、生灵涂炭，到国家新生、人民奋起，到改革开放、奋力赶超，再到中华崛起、民族复兴之命运的变迁，中国传统文化之历史命运可谓跌宕起伏，风云变幻。我们可以发现：文化，作为一种观念的上层建筑，其发展演变，归根结底还是决定于其赖以建立的经济基础。近代以来，中国社会从固守农耕文明落后于时代，被动挨打，任人宰割；到厉行三大改造、强势推进社会主义工业化建设，铲除穷根，夯实基础；到决然改革开放、外引内联、大刀阔斧地荡涤一切拦路之虎，迅速崛起，走向富裕；再到高歌迎接新时代，撸起袖子，甩开膀子，挺起腰板，形塑民族复兴新图景，全面建成社会主义现代化强国的历程，同时也就是思想政治教育传统文化生态逐步发展完善，并不断走向优化的历史过程。

三、增强文化自信是高校思想政治教育的使命追求

要充分发挥高校思想政治理论课的作用，以爱国主义教育为核心，

深入挖掘中华优秀传统文化中蕴含的丰富思想政治教育资源，创新教学方法和手段，提升教学效果。同时，还要利用高校的校史馆、博物馆等场所开展传统文化教育，开展各种经典文化作品传播的主题活动，丰富校园文化生活。

其一，中华优秀传统文化是我们坚定文化自信的深厚基础。中华优秀传统文化包含着几千年来积淀而成的民族精神、信仰、伦理、习俗，具有十分顽强的生命力，这些文化精华是高校文化育人的重要载体。从古至今的思想家们无不主张对自身文化进行深刻反省和批判，在文化实践的过程中实现对历史责任的主动担当，高校将中华优秀传统文化融入大学生思想政治教育的系列举措，引导大学生在体验前人"为天地立心，为生民立命，为往圣继绝学，为万世开太平"的豪情中增强了文化自信，也增强了大学生以中华民族复兴为己任的责任与担当意识。

其二，革命文化和社会主义先进文化是我们坚定文化自信的坚强基石。革命精神构成革命文化的魂，它的内容极其丰富，包括坚定的理想信念、正确的政治方向、艰苦奋斗的工作作风、英雄主义的献身精神、百折不挠的革命意志等。这些伟大精神以文化的形态出现，必将在大学生的思想政治教育中发挥巨大作用，尤其可以弥补当代大学生比较缺乏的艰苦奋斗、不怕牺牲等精神。革命的文化与精神之所以能够铸魂育人，在新时代发挥巨大的精神价值，家国情怀是社会主义先进文化的根本，能够强化大学生的责任担当意识。家国情怀是中华民族文化传统的重要价值观，经过岁月风霜的洗礼，历久弥新。优秀的中国共产党人始终怀有浓厚的家国情怀，在追求崇高的事业中不断激励他们甘于奉献，勇于牺牲。和平时期，保家卫国的历史使命相对弱化，而建设我们的美好家园却是十分重要的任务。大学生应该主动继承优良传统，树立家国情怀，接过先辈们的接力棒，努力提高自身素质，不断培养科学精神、创新精神、创业精神，积极投身于社会主义现代化建设的伟大事业中。

其三，中国特色社会主义伟大实践是我们坚定文化自信的现实基础。实践品格是社会主义先进文化的重要体现，能够激励大学生广泛投身社会实践。勇于实践是马克思主义的重要精神品质，是社会主义先进文化的重要体现。大学阶段是人生发展的关键阶段，大学生不能将大好的光阴浪费在上网、打游戏等方面，而应该积极地投身社会实践，改造客观世界，同时改造自己的主观世界，在实践中体验创造的乐趣，追寻人生的真正价值。深入学习和领会社会主义先进文化的丰富内涵，有助于大学生积极探寻人生的价值，积极投身中国特色社会主义伟业。思想政治品质包含丰富的内涵，需要从各个方面进行熏陶培育。学生的成长是家庭、学校、企业、社会等多方面因素相互影响、共同发挥作用的过程。多样的德育基地如博物馆、纪念馆、文化遗址、革命旧址等，是文化育人的载体，对于培育大学生社会主义核心价值观具有重要作用。

在全球化的大背景下，不同地区不同民族的文化，都获得了一个大力发展自己特色，尽力绽放个性魅力的广阔空间。我国有五千多年悠久的文明史，有博大精深的文化资源，这是形成文化特色的最重要保证和信心来源。立足民族文化资源，广泛汲取营养，中国特色社会主义文化就会枝繁叶茂，具有强大的吸引力与竞争力，就会为世界文化多样化的发展作出应有的贡献。要积极吸收借鉴世界优秀文化成果，不断融入世界潮流；要积极进行文化创新，推出更好更多的文化产品；要讲好中国故事、传播好中国声音，不断提升中华文化影响力和竞争力。

中华优秀传统文化融入高校思想政治教育的前提与要求

中华优秀传统文化具有独特的文脉根基，将中华优秀传统文化融入高校思想政治课程必须充分发挥文化的育人价值和德育功能，充分传承民族文化精神基因，不断对优秀传统文化进行挖掘、探索和创新。《关于实施中华优秀传统文化传承发展工程的意见》中提出"中华优秀传统文化全方位融入思想道德教育、文化知识教育、艺术体育教育、社会实践教育各环节"①，这是体现新时代落实立德树人的根本要求，也是中华优秀传统文化创造性转换、创新性发展的必然结果。因此，探究中华优秀传统文化融入高校思想政治教育的前提与要求，能够为新时代大学生思想政治教育提供理论与现实依据，蕴含较高的创新性和时代价值。

第一节　中华优秀传统文化融入高校思想政治教育的基本前提

习近平总书记指出："优秀传统文化是一个国家、一个民族传承和发展的根本，如果丢掉了，就割断了精神命脉。我们要善于把弘扬优秀传统文化和发展现实文化有机统一起来，紧密结合起来，在继承中发展，在发展中继承。"②在建设社会主义文化强国背景下，文化的重要性不言而喻，文化已然成为培养时代风貌和理想人格的思想武器。

---

① 关于实施中华优秀传统文化传承发展工程的意见［N］.人民日报，2017-01-26（06）.

② 习近平谈治国理政：第 2 卷［M］.北京：外文出版社，2017：313.

思想政治教育与中华优秀传统文化具有同样的话语优势，都起到人文滋养、道德规范的作用，两者因拥有共同的语境而更相契合。习近平总书记明确指出，"高校思想政治工作关系高校培养什么样的人、如何培养人以及为谁培养人这个根本问题"①。这凸显了新时代高校思想政治教育蕴含的文化要求，也体现了中华优秀传统文化现实发展的动态进程。

一、中华优秀传统文化创造性转化、创新性发展的内涵

党的二十大报告指出，"要坚持创造性转化和创新性发展中华优秀传统文化"，在不断建设社会主义现代化强国征途中，中华民族不断提高自身话语权，以批判继承的全新方式推进中华优秀传统文化创造性转化和创新性发展，这是中国文化自信、文化认同的必然结果，也是不断开拓创新、勇毅前行的内在要求。

（一）中华优秀传统文化创造性转化的内涵

中华优秀传统文化及其创造性转化在"实现中华民族伟大复兴中国梦"和"世界百年未有之大变局"的国内外背景下，结合世情、国情、党情的迭代延续，逐渐呈现新的文化形态，探究其源远流长的内涵，旨在从世界文化激荡中闯出中华民族的一片文化天地，建设中国话语体系，这是实现文化强国建设的必由之路。

其一，中华"优秀传统文化"的创造性转化。中华优秀传统文化在新时代语境下被赋予更多独特的意义，习近平总书记把中华优秀传统文化的精神内涵概括为"以爱国主义为核心的中华民族精神""天下为公的崇高理想""己所不欲，勿施于人的忠恕之道""贵和尚中的和谐思想"，经过长期历史的凝练和积攒形成了中华古老的文化基因。而优秀文化是古老中华民族文化中遗留下来独具价值和鲜有特点的文化，融汇

① 习近平在全国高校思想政治工作会议上强调把思想政治工作贯穿教育教学全过程开创我国高等教育事业发展新局面［N］.人民日报，2016-12-09（01）.

着几千来中国人民的智慧结晶和经验升华，其在几千年星转月移的历史变迁中因其特有的优势而传承下来。经过世世代代中国人民的口口相传、典籍文集不断顺应时代发展潮流，从而实现中华优秀传统文化的传承和延续。这种"中华优秀传统文化"的传承与延续与一般性转化不同，是将其优势性、独特性、价值性进行发展保留，不断随时代潮流而更新，独具创新性、创造性。而"中华优秀传统文化"一般性转化是在事物共性基础上的转化，根据固有的原则和目标进行流传，保留了整个事物的优势与劣势，从而不具有创新性。

其二，中华优秀传统文化"创造性"的转化。文化经过创造性的能动活动后契合实际进行中国话语描绘，成为一个有思想、有价值的新的文化生命体。在这一过程中不是用现代化来取代传统文化，而是基于时代背景下进行传统的转化。中华优秀传统从各个时期中筛选出值得流传的文化，根据现实条件的要求进行转型。如今的"创造性"转化是在中国特色社会主义中，坚持马克思主义的指导进行更迭和变换，从而达到以马克思主义理论为内核，以新时代现实要求为条件，不断通过中华优秀传统文化"创造性"的赓续生发，实现文化现代化和中国特色社会主义融合发展的过程。

此外，"创造性"转化从国际背景来看，是通过洞悉全球视域，结合时代背景和自身条件顺势而为，在复杂激烈、激流勇进的国际环境下实现文化碰撞和交流，主动吸纳了国外先进文化的有益成分，主动将创造性成果推向世界舞台，从而孕育出符合时代发展要求的新文化形态，这种"创造性"有其鲜明、唯一的特质，实现了文化的开创。以国内眼光来看，优秀传统文化不断推陈出新、古为今用，做到了以人为本、以创造性"不变"应"万变"的文化发展。

其三，中华优秀传统文化创造性的"转化"。传统文化对国家和民族的传承发展起着至关重要的作用。一个国家和民族要清晰自己的定位，要知道"我是谁""我从哪里来""我要到哪里去"。中华民族踏着千年历史风雨而来，栉风沐雨，正走在实现中华民族伟大复兴的道路上。在这一过程中，文化决定着我们的根脉和未来前景，因此中华优秀传统文化必须"转化"，而且还需要更接地气地"转化"。这种转化是对优秀的传统文化进行吸收，然后再结合现代实际，进行结果过程中的创新性发展，产生新的文化形态。如果不能搞清楚怎么转化，如何转化，为何转化，就不能坚定实现中华优秀传统文化创造性"转化"，就不能实现中华民族伟大复兴的历史重任。无论是创造性发展抑或是创造性"转化"，都遵循了文化发展的基本规律，在实现自我更新的基础上，结合社会实践，赋予新时代的理论要素，以求实现中国特色社会主义文化的融合与发展。

（二）中华优秀传统文化创新性发展的内涵

党和国家高度重视中华优秀传统文化创新性发展，高校作为培养全面发展的社会主义建设者和接班人的地方，要始终紧跟党中央号召，努力实现立德树人的根本任务。

其一，中华优秀传统文化"创新性发展"。文化作为人类起源的见证和文明繁荣的基础，对于一个国家或是一个民族来说，始终至关重要。中华传统文化，因其年代悠久、历史丰富、底蕴悠久而被冠以"传统"二字。而"创新"这个词语大多存在于现代社会中应用，将传统文化进行创新是在今天建设社会主义文化强国的伟大使命之下发掘其中的真理和价值的重要途径，传统与创新相结合能形成具有普遍价值和时代价值的文化生命体。习近平总书记举旗定向地提出"实现传统文化的创造性转化、创新性发展"，这深刻体现了传统与现代相融的重要方向，也是民族进步的前进趋势。

从广义上来看，中华优秀传统文化"创新性发展"是将中华民族在几千年的生活实践中创造的具有稳定形态的一切文化成果，包括物质、制度、精神的三个维度的内容赋予新的生机与生命力。例如，博物馆里的陈列展品、流传千年的史书典籍，甚至坐落于街头小巷的历史遗迹，都是独属于中国的传统，其以物质实物的形式留存，并将其由来、渊源以故事、经验、思想的形态继续活跃在现代社会中，由此形成传统文化的精神内涵、口口相传的经验、约定俗成的文化习俗，甚至是诸子百家的价值观念。然而将这些具有稳定意义的物质借助特殊的传播媒介，或者采用多样化手段呈现，将使文化在一定程度上向着新颖、现代、多元发展。这种创新性发展是将传统与现代相结合，利用现代理念、观念激活文物内生活力。现在故宫的文创产品以及各地文旅的"上分"行为，既将传统文化的内在价值传递出去，又符合现代生活的审美和价值观念，在传递着古人的理想追求和精神陶冶的同时也促进了中华优秀传统文化的繁荣发展。此外，古代的社会治理思想、家国同构制度形态，以及族长制、宗法制都深刻影响着中华民族的制度构建。从狭义上来说，中华传统文化"创新性发展"则是以儒家文化为主要代表的道德规范和精神观念，崇尚"礼法"的道德约束、"仁爱"的行为方式，在使中华传统文化成为一种独具价值的文化主体的同时延续成当今社会的行为规范，这种创新性来自国家制度乃至政策的借鉴及应用，社会主义核心价值观甚至是学校教育，都在潜移默化继承的基础上进行符合现代的创新性发展。

其二，"创新性发展"与"创造性转化"之间关系。习近平总书记指出："创造性转化，就是要按照时代特点和要求，对那些至今仍有借鉴价值的内涵和陈旧的表现形式加以改造，赋予其新的时代内涵和现代表达形式，激活其生命力。创新性发展，就是要按照时代的新进步新进展，对中华优秀传统文化的内涵加以补充、拓展、完善，增强其影响力和感召力。"[①] 一言以蔽之，创造性转化将赋予传统文化新的活力、新的力量，并开创新的发展方式和表现形态，旨在延续传统文化，为传统文化发展提供新的生机和活力。

创新性发展是在原有文化基础上，对其内容和形式的创新，在继承的同时不断增添新的内容，在解决问题的过程中探索新的领域，传统文化中的现代话语表达就是创新性发展的结果，也是现实问题的实际映

---

① 中共中央宣传部．习近平总书记系列重要讲话读本［M］．北京：人民出版社，2016：203．

射。同时，传统文化的内容创新性发展也是对其内容的合理扬弃，筛选符合时代条件且有能力创新的有益成分留存。在形式上，创新性发展是利用新的载体展现中华优秀传统文化，使其内容在不断更新变化的同时，形式也在不断发展变化。

创造性转化则是将传统文化的相关内容进行深度解读，使其以通俗易懂的形式和丰富多彩的内容展示出来，并发展转化有时代价值和实际作用的文化生命体，不断以自身特有的文化属性和文化内涵，激励鼓励社会风貌、形成正确的社会意识形态，立足新的时代方位，对传统文化不同内容剔除、更新，以服务现实和人民为最终转化目标，为中国特色社会主义现代化强国的宏伟蓝图不断奋斗。

创新性发展和创造性转化两者虽然都是以传统文化为主体，但也有区别。在时间范畴上，创造性转化需要充分关注传统文化的历史文脉以及不断将其赋予现代意义，更多将古今对照甚至融合，目光集中于过去；而创新性发展则注重文化的现代更新，不断以新促新，实现创新中发展，这个发展是以转化为基础的发展。虽然二者有着根本上的不同，但都以实现文化现代化为目标，并以实践为检验的标准，旨在塑造中华文化新的生命体，建立中华民族现代文明，为世界文化发展提供中国智慧。

二、中华优秀传统文化创造性转化的历史必然

在新时代背景下，中国取得了飞跃性的发展，已经到了继承和弘扬中华优秀传统文化的关键时刻，如何更好地从历史传统中汲取经验财富，最有效的途径则是进行优秀传统文化的创造性转化。中华优秀传统文化创造性转化的历史必然具有时代与历史双重因素，更与当今国家的发展战略与国内外环境有紧密联系。

（一）国内外形式的激烈需要中华优秀传统文化创造性转化

就国内环境来说，当前中华民族伟大复兴迈上新征程，党的二十大

报告强调，"中国式现代化，是物质文明与精神文明相协调的现代化"，这一论述表明了党对于精神文化的关注，实现中华优秀传统的创造性转化是加强文化自信、进行文化建设的重要举措，中华民族伟大复兴是以民族文化为奠基，不断以文化自信、文化自强的态势满足全体人民日益增长的物质文化需要。此外，国家治理体系的现代化转型也需要中华优秀传统文化的滋润。数字时代已经到来，五治融合的治理手段被纳入国家治理范畴，不断健全自治、德治、法治相结合的乡村治理体系，走中国特色社会主义善治之路是新时代乡村治理的首要环节，中华优秀传统文化中蕴含着几千年的治理智慧，无论是"民可载舟，亦可覆舟"还是"善政"的治理方式，都体现出传统文化的重要作用，探索古代的国家治理、乡村治理历程，深入剖析传统文化的深厚智慧，对于中华优秀传统文化创造性转化的需求是中国实现自身发展诉求、追求民族复兴的重要支撑。对于中国社会主义核心价值观的重塑来说，中华优秀传统文化中蕴含的道德规范、道义情理符合原来认知需求和道德建构的规范，具有重要性、关键性作用。

就国外环境来说，当代中国话语权不断提升的同时，也受到西方国家的多面打压和裁制。在西方大国不断进行文化输出和发起文化冲击的同时，必须保障意识形态的安全，保证中华优秀传统文化在安全的领域内转化。当前中国的发展目标决定中国必将日益走进国际舞台中央，走进的过程是艰辛，却也是光荣的。国际事务中日益展现中国话语的存在，中华优秀传统文化也更多地走出中国，走向世界。从改革开放到中国特色大国外交，从"一带一路"到共建人类命运共同体，这其中体现着传统文化从"中体西用到中西融合"的过程。创造性转化不仅仅将中国的文化内容进行转换、转化，更是充分吸收借鉴国外优秀的文化，不断丰富自身的文化内容，同时传统文化走出国门，在世界舞台焕发崭新色彩，必须转化成为外国人民能够认同、有共同之处的文化，这就需要中华优秀传统文化在创造性转化过程中注重内容和形式以及文化普遍性，这需要达成文化共识，实现融合式发展。

总之，国内外的不同处境都对中华优秀传统文化的创造性转化提出现实条件，这些条件将为传统文化创造性转化、创新性发展提供内涵基础。

（二）传统文化独特的发展属性需要中华优秀传统文化创造性转化

传统文化具有继承性和开放性，现今的文化是前人文化思想的积淀养成，人和事的文化都是与前一时代的文化紧密相关的，中华优秀传统文化创新性发展表现出传统文化在继承的基础上融合其他有益文化，从而达到创新性发展的目的。无论从历史还是现实来看，中华传统文化海纳百川、兼容并包，不断自身更迭，与时代交织，逐渐形成新民主主义时期的文化、社会主义革命和建设时期的文化、改革开放与中国特色社会主义时期的文化和新时代中国特色社会主义文化。

传统文化具有包容性和创新性。兼容并蓄、开放包容是中华优秀传统文化与生俱来的突出品质。这种开放性使得博大精深的中华文化不断延续传承，塑造了人类思想的一座座高峰。层层叠进的文化建设过程体现出中华文化不断吸收融合发展的过程，也是优秀传统文化随着时代的具体内容、主客体以及现实要求不断发展变化的历程，从以国家建设为主旋律到以推进社会主义文化强国为文化发展路向，可以看出中华优秀传统文化不断以和而不同、兼容并蓄、求同存异的态势，在自身继承性、开放性、时代性、包容性的基础上实现创造性转化，倘若中华优秀传统文化故步自封、因循守旧，就没有今日建设社会主义文化大繁荣的局面出现，也就没法实现中华优秀传统文化的创造性转化。

总之，不论是文化的继承性和开放性还是文化的包容性和时代性，都是传统文化自古特有的文化属性，这种属性贯彻文化发展始终，需要以全面的观点看待传统文化的转化和发展。

（三）高校思想政治教育的使命追求需要中华优秀传统文化创造性转化

"所谓思想政治教育内容，是指根据一定的社会要求和教育客体的思想实际，思想政治教育主体传递给思想政治教育客体的思想观念、政治观点、道德规范等。"[①] 高校思想政治教育要按照"立德树人、以文化人"的时代要求对大学生进行思想引导。

当前，多元价值观异军突起，大学生面临多元文化思潮冲撞，很容易出现防线崩溃、价值观迷失甚至错乱等情况。高校思想政治教育的目标旨在提升大学生的思想理论水平和人文道德涵养，以中华优秀传统文化创造性转化实现高校思想政治教育的使命追求，以做好培元固本、培根铸魂的育人工作。高校思想政治教育中通过主体与客体的互动关系，经过载体的联结，有效实现联动过程。高校在承担思想政治教育的过程中，通过借助中华优秀传统文化将道德规范和正确的价值导向传递给主体，通过多种形式的载体形式，进行转化和延续，以实现中华优秀传统文化主体成功接受客体的相关信息。高校作为教育主体通过开掘中华优秀传统文化精神资源、文化功能、物质载体来规范和建构教育客体大学生接受教育的内容和环境。在高校思想政治教育的引导下，传统文化以主导性的形式不断融入大学生生活的方方面面，从而提升学生文化素养和正确的价值观。

对于高校教师来说，中华优秀传统文化的融入促使高校思想政治教育工作队伍不断扩大，不断充实了思想政治教育师资队伍的文化底蕴和精神涵养，这关系到能否教育好当代大学生，能否培养中国特色社会主义接班人。教师将中华优秀传统文化有目的、有计划地融入课堂之中，潜移默化实现思想政治教育的文化育人功能，并通过充分利用文化载体——博物馆、红色基地、直观模具等形式，增强大学生思想政治教育的道德性、人文性、文化性。

---

① 靳玉军，周琪.思想政治教育学原理［M］.重庆：西南师范大学出版社，2015：85.

第二节 中华优秀传统文化融入高校思想政治教育的基本要求

高校思想政治教育对于大学生道德意识、行为规范的培养具有不可替代的作用，中华优秀传统文化融入高校思想政治教育需要遵循坚持马克思主义指导、坚持学生为本、坚持实践导向、科学对待传统、具备国际视野，只有这样才能达到思想政治教育的最优效果。

一、坚持马克思主义指导

马克思主义是伟大的事业，具有科学的理论基础和不懈的实践检验，马克思主义一直是我们立党立国、兴党兴国的根本指导思想，其正确的哲学世界观为我们理解人与世界的关系以及人与人的关系、人与自然的关系提供了规律性解读。

其一，坚持科学对待马克思主义。将中华优秀传统文化融入高校思想政治教育的基本要求即坚持马克思主义指导，这是具有方向性的重要标识。立足新时代条件下，大学生思想政治教育与优秀传统文化相融必须运用马克思主义的立场、观点解决相融实践中的困难与难点，并在实际思想政治教育工作中让学生培养正确认识问题、分析问题的能力，坚持"四为"的服务宗旨，两者相融必须同党和国家事业发展要求相匹配，同国家战略方针和要求相适应，不断树立和巩固正确的人生观和价值观，并将马克思主义基本原理同中国具体实际相结合，马克思主义基本原理同中华优秀传统文化相结合，在行动上始终保持与中国共产党一致的路线、方针和政策。

其二，坚持系统思维。中华优秀传统文化与思想政治教育相融合。

一方面需要坚持共同的原则和方向，即需要按照历史唯物主义和系统思维的观点整体、全面、真实、客观地审视、分析和评价中国传统文化，明确优秀传统文化的具体资源以及思想政治教育的内在要求，共同为实现社会主义现代化强国而奋斗、向教育现代化的目标努力。党的教育方针和马克思主义的教育观都要求高校思想政治教育坚持正确的育人导向和担负高度的使命责任，在融合的过程中必须以系统思维为原则，全面整合两者优势，取长补短，淬炼出相同部分，过滤出不符合现代发展要求的元素，以整体全面的眼光将两者放在符合学生身心发展要求、符合教师职业素养课接纳的范围、符合社会发展进步现实诉求的文化，以促使两者能够兼顾文化性原则和政治性原则。

其三，全面辩证地看待两者相融。经过几千年的发展，中华优秀传统文化因其独特优势而留存并不断发展，随着岁月的更迭，这些优秀的元素并不会一成不变，对于中华优秀传统文化中积极的、正面的甚至是有利的成分应更加关注，对于中华优秀传统文化的历史局限性应当充分尊重。高校思想政治教育与传统文化相融的过程中不能简单粗暴地对其切割和分裂，而是应整体全面地看待问题，我国的思想政治教育自古以来就是以共产主义为方向，因此思想政治课堂的教师必须坚持正确的理想信念，始终将马克思主义和共产主义作为教学过程中的底线，能够使学生辨别是非、认识对错。

同时，高校思想政治教育只有充分融合传统文化的精神特征和文化素养才能更好地教书育人，同理，传统文化只有坚持思想政治教育以人为本、以马克思主义指导为原则的理念才能更好地实现二者的转化和深度融入，才能学会全面辩证地看待问题，用批判继承的眼光不断增强大学生思想政治教育的育人成效。

二、坚持以学生为本

思想政治是进行人的教育，是以人为主体的教育工作，是以实现人的自由而全面发展为工作指向的，高校思想政治教育落实"立德树人"的教育目标，必须在将中华优秀传统文化与思想政治教育相融的过程中坚持以学生为本，这是两者创新性发展、创造性转化的基本要求。

其一，坚持学生全面发展。要"科学制定不同年龄阶段和各级各类教育的德育工作目标，实现全员育人、全过程育人、全方位育人"[1]。中华优秀传统文化中也提倡人的全面发展，这种全面发展是物质文明与精神文明共同的发展。"君子食无求饱、居无求安，敏于事而慎于言，就有道而正焉，可谓好学也已。""不仁者不可以久处约，不可以长处乐。"这两句话分别从物质的富足和精神富足重要性的层面阐述了人的全面发展的意义。从这个角度来看，中华优秀传统文化与思想政治教育有根本的契合点，都是重视"人"，在教育过程中坚持学生全面发展也是以人为本的体现。

其二，坚持成果学生共享。大学生担负着民族复兴、文化自信的历史重任，将中华传统文化与思想政治教育相融合能够潜移默化建立起学生的爱国意识和责任意识，以及塑造学生日常生活的行为结构和方式方法，规范学生的认知模式和行为惯式。同时，坚持以学生为本也是在融合的过程中为坚持社会主义现代化伟大目标而奋进的过程，同时也在继承中华优秀传统文化中坚持了马克思主义的群众史观。坚持成果共享是两者创造性转化、创新性发展过程中滋养的新的生命体的过程，也是将科学的世界观及时传递给大学生的过程，让其参与到创造性转化、创新性发展过程中来。

其三，坚持转化依靠学生。大学生作为高校思想政治教育的主体，他们对于思想政治教育的态度决定着思想政治教育目标能否实现。一方面大学生由于自身的活力与个性特点，具有与其他群体不同的特征，他们善于创造、乐于观察，能够时时刻刻保持热情和活力，中华优秀传统文化与思想政治教育两者相融合既是创造性转化、创新性发展的结果，

① 国家发展和改革委员会．"十三五"国家级专项规划汇编［M］．北京：人民出版社，2017：424.

也是思政育人、文化育人的现实要求，而大学生作为主体，势必肩负着这一重要使命。另一方面，大学生从小受到中华优秀传统文化的熏陶，有着很深的文化认同感和归属感，他们在日常生活中已经潜移默化进行相应的道德遵循。并且，大学生作为社会主义建设者和接班人，坚决维护党的领导和马克思主义的指导原则，政治方向明确，并有一定的思考力，坚持以学生为本的基本要求能够使两者更好地融合。

三、坚持实践导向

实践导向是中华优秀传统文化与思想政治教育相融的基点，实践作为人类存在的基本方式，也是文化创造的根本源泉，在相融合的过程中对于改造大学生的精神世界发挥重要的塑造作用，中华优秀传统文化融入思想政治教育是当代大学生在文化层面接纳的实践结果，将使思想政治教育工作更加有效。

其一，强化中华优秀传统文化教育主体队伍建设是实践要点。教育主体队伍建设是两者融入过程中的主导力量，通过完善中华优秀传统文化教育主体队伍建设，从而使高校能够成为文化育人的实践基地，这是两者融合过程中的要点环节，也是创造性转化、创新性发展的路径所在。通过选拔具有扎实学识的高校教师，确保其符合"四有好老师的标准"，并在教学过程中能够开拓思维，始终以实践的发展来要求自己，这是根本前提。此外，强化高校领导班子组成，领导班子决定高校教师能否放开手干，能否充分发挥主动性来干。在融合的过程中难免出现很多问题，例如出现文化差异、学生认可度不高、不感兴趣、融合方式有待提高等，针对这些问题，领导班子的发号施令决定两者融合的实践路径是否走得平稳。

其二，创新高校思想政治教育实践活动载体是实践重点。首先，理论来源于生活，目前高校思想政治教育大多重视理论学习，缺乏培养学生动手和创造能力，创新高校思想政治教育实践活动载体是发挥实践育人的重点，深入实践教育基地，以数字化、科技化、实体化的形式将实践活动载体内容不断扩容，借助地方文化资源、历史文化遗迹以及独具特色的大学生教育实践平台，让大学生在理论学习之余，更近距离感受实践带来的冲击，从而在两者融合过程中转变为更加清晰和明确的认知。其次，创新高校思想政治教育实践活动载体必须坚持理论与实践的深入结合，这两者是检验真理的唯一标准，也是不断推进人类认识的飞跃，两者和谐互动才能培育以文育人的实践精神，才能在中华优秀传统文化融入高校思想政治教育的实践中不断创新活动载体，以文化的实践基地和传播形式的创新让理论能够活起来、用起来。

其三，优化高校中华优秀传统文化教育环境是实践效点。文化教育环境是影响教育活动效果及受教育者的重要外部空间，其氛围能够对两者的融合起到积极或消极的作用。高校思想政治教育应在思想行为上及时有效地融合传统文化的相关理念，在理论上疏导学生让其建立正确的文化观和意识形态。但是仅有理论的传递是空洞乏味的，更应该尝试从行动上给予学生更加醍醐灌顶的教育，这使得思想政治教育的实践导向重要性便突出出来。创新高校中华优秀传统文化教育环境是以实践促进创新性发展、创造性转化的最有效途径。制度环境的建设对优化高校思想政治教育的法律法规、政策机制提供有力保障。没有好的教育资源，就没法创建优异的文化教育环境，从而没法使学生时时刻刻接受文化的熏陶，不断加强高校相关教学管理制度，不断健全文化基础设计建设，不断形成高校传统文化长效发展机制，这都是从实践层面将两者融合的具体措施，从而能够创设高质量的校园精神文化教育环境。

四、科学对待传统

习近平总书记指出："马克思主义基本原理必须同中国具体实际紧密结合起来，应该科学对待民族传统文化，科学对待世界各国文化，用人类创造的一切优秀思想文化成果武装自己。"[①] 促进中华优秀传统文化融入高校思想政治教育的基本要求离不开科学对待传统，社会主义文化大繁荣大发展离不开对传统文化进行推陈出新、继承发展和现代建设，实现中华优秀传统文化的继承发展。

其一，传统文化的推陈出新。文化作为一种能动反应物质，并作用于物质存在的社会意识，有其消极和积极的两面性，将中华优秀传统文化与高校思想政治教育相融合必须取其精华，去其糟粕。首先，只有符合马克思主义文化观、文明观的文化才能符合高校文化育人的要求，才能实现两者的融合。其次，推陈出新要求深入挖掘文化的本质内涵，在内涵继承的基础上探究符合当代中国特色社会主义文化建设的文化要素，以科学、辩证的眼光看待传统文化。最后，大学生思想政治教育的内容涉及传统文化的方方面面，科学对待传统也是高校思想政治教育必须坚持的首要原则，当代大学生始终以民族为本，继承中华民族千百年来的文化智慧，不断继承优秀文化，摒弃糟粕文化，反对文化虚无主义，坚持正确的文化导向，在两者相融中不断创造出崭新文化。

其二，传统文物的继承发展。中华民族经过岁月的积淀，创造出丰富而全面的文化典籍，在时代的变迁中不断创造人类文明智慧的结晶，为实现文明进步和人类进化作出了重大的贡献，传统文物作为文化形态的体现，在高校思想政治教育中也发挥着至关重要的作用，坚持将中华优秀传统文化融入高校思想政治教育科学对待传统是基础。其中，传统文物中蕴含的育人价值和功能不容小觑，传统文物作为文化的体现，蕴含不同时期的中华民族的独特风貌和精神气魄，也隐匿着强大的内生动力，传统文物作为文化载体在两者相融过程中起到表达传递的作用，也引导青年学子正确的文物观和坚持文化主体性，培养大学生强烈的文化认同感和文化自信，为高校思想政治教育提供充足养分。

其三，传统文明的现代建设。习近平总书记高度重视传统文明的现

---

① 习近平著作选读：第 1 卷［M］．北京：人民出版社，2023：282.

代建设,2023 年 6 月 2 日,在文化发展座谈会上强调:"要坚定文化自信、担当使命、奋发有为,共同努力创造属于我们这个时代的新文化,建设中华民族现代文明。"中华民族现代文明是传统文明的现代建设,传统文明蕴含中华民族的文化基因,面对时代变化,文化基因不断流传发展,不仅在国内传播,更逐渐在全球舞台拥有一定话语权,传统文明从古代"丝绸之路"至现代"一带一路",传统文化更加璀璨,现代文明崭露头角。坚持科学对待传统是中华优秀传统文化融入高校思想政治教育的基本原则,传统文明的现代建设也是其科学对待的具体体现,只有创新才能发展,只有现代建设才能千古流传,当代大学生是中华民族现代文明的建设的重要一分子,其内在的文化根因、精神的文化自信乃至行为的文化自强对于赓续生发中华民族五千多年的文明具有举旗定向的关键作用,这将使两者融合更有价值和生命力。

五、具备国际视野

当今世界,国家语言的不同使文化传播和交流产生一定的距离,但随着全球化脚步的加快以及地域之间的互联互通,各个地区之间的交流越来越频繁,文化的发展和融合也越来越快,中华优秀传统文化融入高校思想政治教育的过程中不断接受优秀外来文化,也将传统文化置于全球化视野下审视,试图吸纳各种有益思想,创新文化生命体,以高度的文化自信走向世界。

其一,符合时代进步的要求。中华民族矗立于世界之林,中国与世界的发展俨然已成为一个生命共同体,在全球化的背景下,一个国家国力的强弱与其地位和话语权有着密切的联系,中华优秀传统文化融入高校思想政治教育必须具备国际视野,这是一个基本要求,也是必然选择。国际视野要求中华优秀传统文化与世界接轨,坚持在彰显民族文化特色的同时也具有多元化、全球性的话语表达体系,这是两者相融实现教育现代化走向世界的前进方向。同时,中华优秀传统文化中的开放性原则也在不断契合时代发展进步的要求，利用国际机遇，实现自身跃升。传统文化的开放性不仅仅吸纳国外优秀传统文化，更是不断符合时代发展，积极面对挑战和挫折，实时推陈出新，塑造一个健康全面的文明生命体。中华优秀传统文化融入高校思想政治教育过程中具备的国际视野也是不断转变文化的传承方式、完善文化的发展环境所体现的，国外孔子学院的创设多方位地介绍中华优秀传统文化的魅力所在，又在一定程度上从高校输送优秀大学生进行海外学习和传播文化，既使青年学子及时承担起文化复兴、文化传播的重任，又使"仁义礼智信"等传统文化走向世界，不断具备国际性特征。

其二，契合话语体系的建构。具备国际视野要求中华优秀传统文化融入高校思想政治教育过程中，创新文化的话语表达，建构契合时代发展的话语体系，将古代文化的传统语言阐述方式转换为现代化、大众化话语表达，即将人民群众喜闻乐见、通俗易懂的方式进行创新话语表达的内容，以此来实现话语体系转变。面对全球已出现的文化冲突、文明冲击，一种文化如果未曾拥有独立的文化形态和创新的文化发展，就不能在激流勇进的世界浪潮中站稳脚跟，也不能在平等互利的基础上顺应时代发展的进程，更不能以高度的文化自信应对意识形态的危机和碰撞。在当前世界格局中，中国面临诸多挑战和困境，如何在经济全球化、国内外变局中保持稳定步伐前进，事关中华优秀传统文化能否发挥其自身优势，推动中国不断塑造大国形象。高校思想政治教育过程中要吸取中华优秀传统文化中的"义利观"以及"贵和尚中"的文化思想，坚持以国家利益为大的原则教育引导青年大学生树立爱国意识和坚持和平理念，追求和谐社会，处理好人与人、人与社会的和谐关系，实现高校作为中国话语体系传承创新的主阵地作用，加快推进两者相融，在全球化进程中始终以国际视野为准则，不断与外界优秀文化互动互鉴、互促互进。

其三，培养文化自信的格局。中华优秀传统文化融入大学生思想政治教育具备国际视野，需全面培养学生的文化自信格局，使学生以自信自强的姿态走向世界舞台，以积极向上的精神面貌投身到社会主义伟大建设中。改革开放之后，我国在与现代化接轨的同时也在遭受西方文化的冲击和吞噬，不少中国年轻人对传统文化嗤之以鼻，对外来文化全盘接受，这种崇洋媚外的行为与当今高校思想政治教育的教育理念大相径庭。对大学生进行思想政治教育必须强调中华优秀传统文化的积极作用，不夸大传统文化也不片面理解，更不是提倡文化虚无主义以及文化复古主义，而是坚持以马克思主义为指导原则，以学生为教育主体，以优秀文化为教育内容，促进中华优秀传统创造性转化、创新性发展。使学生培养高度的文化自信，以宽阔的视野、正确的价值取向去明辨是非，对国内外事务有清晰的认识和区别，在时事政治中教会学生区别对错的能力，在历史故事中感受传统文化的独特魅力，在中华民族艰苦奋斗历程中洞悉民族精神和英雄史诗，从而使中华优秀传统文化融入思想政治教育过程中，借助国际视野，激发大学生文化自觉和文化自信，坚定走中国特色社会主义伟大道路。

总之，中华优秀传统文化融入高校思想政治教育需要创造性转化、创新性发展，也需要始终坚持基本原则，把握基本方向。需要强调的是，中华优秀传统文化融入思想政治教育一方面必须符合思想政治教育的特点，根据学生的认知和学情来循序渐进地进行文化育人；另一方面需符合国家利益和民族利益的发展要求，不做有损于民族利益和国家利益的事，从根本上做好培根铸魂的育人工作，全面提升国家文化软实力。

中华优秀传统文化融入高校思想政治教育的历史考察

中华优秀传统文化是中华民族在源远流长的中华民族历史长河之中所创造的物质文明和精神文明的总和。如建筑、雕塑、书籍、画作、书法、深层次的伦理道德、社会心理、风俗习惯、价值观念、审美情趣、生活方式等都是中华优秀传统文化的理论结晶。将中华优秀传统文化融入高校思政课教学，可以提高思政课的课程厚度，在青年学子中厚植我国仁义礼智信、格物致知、以民为本等相关精神理念，汲取其中所蕴含的价值观与道德观，使青年学子于润物细无声中感受中华优秀传统文化的独特魅力。中华优秀传统文化融入高校思想政治教育非一日之功，其在革命文化、社会主义先进文化的历史演进中都发挥了至关重要的作用。在新民主主义革命时期、社会主义革命和建设时期、改革开放和社会主义现代化建设新时期、中国特色社会主义新时代等历史阶段，中华优秀传统文化都与具体的实践和国情相结合，创造了我国独特的思想政治教育史。同时，在中华优秀传统文化与思想政治教育高度融合的过程中也创造了坚持党的领导、批判与继承相结合、坚持群众观点和群众路线等科学经验，跨越时空而历久弥新，具有深刻的现实启迪意义。

第一节　中华优秀传统文化融入高校思想政治教育的历史进程

中国共产党的百年奋斗历程，既是一部理论创新史，也是中华优秀传统文化与马克思主义相容相生，中华优秀传统文化融入党的思想教育、群众动员、价值引领和观念塑造的历史过程。无论是新民主主义革命时期、社会主义革命和建设时期、改革开放时期还是新时代以来，中国共产党都一以贯之地继承、扬弃、革新中华优秀传统文化，使其跨越时空而愈发充满生机活力。

一、新民主主义革命时期党对中华传统文化的批判继承

新民主主义革命时期，中国共产党弘扬五四运动的民主、科学、自由精神，走在反帝反封建的最前沿，儒家正统思想中的"三纲五常""温良恭俭让"等维护军阀专制、独裁统治的糟粕部分自然而然地也成了中国共产党批驳的对象。在这一时期，中国共产党对待中国传统文化的态度经历了从根本否定、不破不立、辩证否定，进而到批判继承的一个发展过程。在疾风骤雨式轰轰烈烈的"打倒孔家店"运动后，早期中国共产党人认识到，中华优秀传统文化中蕴含着中华民族精神的精神血脉，散发着真理的光芒，深藏着每一个中国人之所以成为一个有血有肉的中国人的精神标符。老庄哲学、"大一统"法学、书法绘画、雕梁画栋的古建筑等中华传统文化的思想精华在诸多方面都蕴含着马克思主义的唯物论和辩证法。"君者舟也，民者水也，水可载舟，亦可覆舟""民惟邦本，本固邦宁""天下为公""协和万邦""见贤思齐""老当益壮""祸兮福所倚，福兮祸所伏"等中华民族精神的合理内核在一定程度上契合了群众观点和群众路线，唯物辩证法的联系观、发展观、创新观，矛盾论和实践论，唯物史观的历史合力论等马克思主义基本原理的精神内核。因而，这一时期的共产党人并没有全盘否定传统文化，而是意识到了传统文化凝聚国人的精神价值，提出"从孔夫子到孙中山，我们应当给以总结，继承这一份珍贵的遗产"[1]。在此基础上，无论是在北伐战争时期、土地革命战争时期、抗日战争时期还是解放战争时

① 毛泽东选集：第2卷［M］.北京：人民出版社，1991：534.

期，我党都一以贯之地将马克思主义基本原理与具体革命实践、革命情景相结合，与中国具体实际相结合，推动马克思主义中国化的进程。以毛泽东同志为主要代表的中国共产党人，明确表达出了继承和弘扬优秀传统文化的态度。1938 年，毛泽东在中共六届六中全会的讲话中提出要"学习我们的历史遗产，用马克思主义的方法给予批判的总结，是我们学习的另一任务"，要求"在清理古代文化的过程中，必须将封建统治阶级的一切腐朽的东西和古代优秀的人民文化，即多少带有民主性和革命性的东西区别开来，要剔除其封建性的糟粕，吸收其民主性的精华，决不能无批判地兼收并蓄。要尊重历史的辩证发展，既不颂古非今，又不菲薄自己的历史"①。他还指出："对中国的文化遗产，应对其充分的利用，批判的利用。"这奠定了新民主主义革命时期对中华民族优秀传统文化合理内核批判继承的基本基调。

二、社会主义革命和建设时期党对传统文化的探索改造

中华人民共和国成立初期，我国的整体状态可以概括为"一穷二白"，由于中国经历了长期的动乱与战争，社会矛盾尖锐，经济水平落后，货币贬值，交通运输不畅，新生政权面临着内外交困的局面。新生政权能否巩固，人民共和国是否符合人民的期望，新民主主义道路能否成功，是这一时期摆在党面前的巨大考验。中国共产党继承和发扬革命战争时期群众动员所创造的经验，以继续革命的勇气和力量，以立为主，破立结合，将"批判继承"这一对待传统文化的基本态度延续了下来，推动新民主主义文化向社会主义文化过渡，提炼出独属于这一时期的团结奋斗、自强不息的中华民族优秀品格。1956 年 4 月，毛泽东提出"双百"方针，尊重文化发展规律，提倡自由讨论，具有明显的包容性。1960 年 12 月，毛泽东在一次谈话中指出，中华传统文化"并不全是封

---

① 中共中央文献研究室. 毛泽东文艺论集［M］. 北京：中央文献出版社，2002：42-43.

建主义的东西"，且"封建主义的东西也不全是坏的"①，也可以批判地利用，显示出其对传统文化的辩证态度。

在探索过程中，新中国的文化事业与传统文化中的腐朽、落后和糟粕严格划清界限。如包办婚姻、地痞流氓、男尊女卑、卖淫嫖娼、盘发禁足等落后的观念、习俗、阶级成分和社会现象坚决抵制，在全社会弘扬勤劳、质朴、奋斗、阶级友爱的观念，大力推进移风易俗，以崭新的精神风貌团结长期受封建礼教压迫的人们。"中国有五亿以上的人民，他们富有革命传统，热爱祖国，热爱劳动，长期地盼望摆脱落后和贫穷，他们的积极性和创造力是一个不可计量的力量。"②面对艰巨的社会主义改造和工业化建设任务，中国共产党时刻注重以中华民族精神的思想伟力武装广大群众的头脑，鼓舞人民群众积极劳动和斗争。榜样的力量是无穷尽的。在这一时期，中国共产党将传统道德观念与先进标兵人物相结合，使民主精神具象化，聚焦于一个个模范的身上，从而带动一批批群众。如全国劳动模范"铁人"王进喜，"毛主席的好战士"雷锋，"党的好干部"焦裕禄，"两弹元勋"邓稼先等，"工业学大庆，农业学大寨"等先进模范，集中体现了艰苦奋斗、自强不息、不怕牺牲的奋斗精神和全心全意为人民服务的冲天干劲。

三、改革开放和社会主义现代化建设新时期党对中华优秀传统文化的传承弘扬

改革开放以来，西方文化大量涌入中国，冲击着本土文化，"西化"思潮引起党中央高度警惕。抵御"西化思潮"需要提升民族自信心，而中华优秀传统文化是提升民族自信心的重要资源。邓小平在党的十二大开幕词中指出："把马克思主义的普遍真理同我国的具体实际结合起

---

① 毛泽东文集：第8卷［M］．北京：人民出版社，1999：225．
② 中共中央文献研究室．建国以来重要文献选编：第4册［M］．北京：中央文献出版社，1993：711．

来，走自己的道路，建设有中国特色的社会主义，这就是我们总结长期历史经验得出的基本结论。"①之后，邓小平多次重申："马克思主义必须是同中国实际相结合的马克思主义，社会主义必须是切合中国实际的有中国特色的社会主义。"②"中国特色社会主义"把"社会主义"与"中国特色"结合起来，强调普遍规律和民族特点的有机统一，从而为马克思主义与中华优秀传统文化相结合提供了新的理论依据。江泽民也明确指出："必须继承和发扬民族优秀文化传统而又充分体现社会主义时代精神……不允许搞民族虚无主义和全盘西化。"③党的十六大之后，胡锦涛多次强调传统文化的重要性，认为"中华文化是中华民族生生不息、团结奋进的不竭动力"④。胡锦涛继承了中国传统"民本"思想的精华并超越其局限性，将"以人为本"作为科学发展观的核心，将古代"和合理念"赋予时代内涵，提出构建社会主义和谐社会的思想，实现了对传统文化传承与创新的结合。

进入新时期，党和国家更加明确，我们要建设的社会主义国家，不但要有高度的物质文明，而且要有高度的精神文明。在以弘扬民族传统文化为重要内容的社会主义文化建设方面更加注意规划与计划相结合，调动各方面的力量，有组织有领导地进行。以社会主义精神文明建设为依托，既批判继承历史传统又充分体现时代精神，逐步形成有利于社会主义现代化建设的舆论力量、价值观念、道德规范和文化条件。首先，批判对待在民族文化上的历史虚无主义，这一问题不仅是文化问题，更是政治问题。"深入批判民族虚无主义和历史虚无主义，不但关系到弘扬中华民族优秀文化，而且关系到发扬爱国主义精神、维护我们民族尊严，关系到引导人们坚持什么方向乃至于中国走什么道路的大问题。"⑤

---

① 中共中央文献研究室.改革开放三十年重要文献选编：上［M］.北京：中央文献出版社，2008：260.
② 中共中央文献研究室.十四大以来重要文献选编：上［M］.北京：人民出版社，1996：706.
③ 江泽民文选：第1-3卷［M］.北京：人民出版社，2006：158.
④ 胡锦涛文选：第1-3卷［M］.北京：人民出版社，2016：620.
⑤ 中共中央文献研究室.十三大以来重要文献选编：中［M］.北京：人民出版社，1991：858.

其次，加强宣传普及教育，助力广大群众正确认识我们民族文化的优秀传统，在全社会形成风清气正的文化环境，以高尚的精神塑造人，以优秀的作品鼓舞人。最后，在全社会开展社会主义精神文明创建活动，在新的历史条件下，在个人品德、家庭美德、传统道德等多方面协同发力打造礼仪之邦。

四、中国特色社会主义新时代党对中华优秀传统文化的转化创新

党的十八大以来，中国特色社会主义进入新时代。以习近平同志为核心的党中央将中华优秀传统文化视为文化自信的重要来源之一，将对传统文化重要性的认识提升到前所未有的高度，运用到治国理政的方方面面。在外交方面，以"以和邦国""和而不同""以和为贵"来说明和平是中华文化的内在基因。党建方面，他充分肯定中华优秀传统文化对于党内政治文化的基础性作用。经济方面，他用孔子的"不患寡而患不均，不患贫而患不安"来说明共同富裕是自古以来我国人民的一个基本理想。习近平总书记对传统文化的重视和传承并不是照搬，而是结合时代要求超越其历史局限性，实现创造性转化和创新性发展。例如，他提出"协调"发展理念，既突出资源均衡配置、发展机会公平的重要性，又强调"平衡是相对的，不平衡是绝对的"，"协调是发展平衡和不平衡的统一"①，这就将辩证法的精髓融入传统文化的平衡观念当中，实现了创新性发展。2023 年 6 月 2 日，习近平总书记在文化传承发展座谈会上强调："在新的起点上继续推动文化繁荣、建设文化强国、建设中华民族现代文明，是我们在新时代新的文化使命。要坚定文化自信、担当使命、奋发有为，共同努力创造属于我们这个时代的新文化，建设中华民

---

① 习近平谈治国理政：第 2 卷［M］．北京：外文出版社，2017：206．

族现代文明。"① 建设中华民族现代文明，是中国共产党关于文化强国建设的创新性命题和战略性锚定。在新时代，党高度重视中华优秀传统文化的意义和作用，同时又不厚古薄今，提倡创造性转化和创新性发展，标志着党对中华优秀传统文化的传承发展不断走向成熟。中国特色社会主义的过去、现在和未来都与中华优秀传统文化的思想内核、中华传统美德、中华人文精神息息相关。中国共产党深度把握了民族文化与世界文明深层互动的张力，从人类文化总体出发深化对中华优秀传统文化的认识，彰显了中华优秀传统文化有着最深成的文化积淀和丰厚滋养，中华文化沃土有着深厚历史渊源。

第二节　中华优秀传统文化融入高校思想政治教育的经验总结

中国共产党人传统文化观的百年演进历程表明，我们党既是中华优秀传统文化的忠实继承者和弘扬者，也是其坚定的创新者和发展者。中国共产党人在传统文化观的演进历程中积累了丰富的经验，形成了真理性认识和科学的方法论，并在百余年的思想政治教育发展史中融入了这些科学元素，形成了实践效力，对新时代高校思想政治教育的健康发展具有重要的启示意义。

一、坚持党的领导，延续中华民族千年文脉

党的领导是中国特色社会主义的本质特征。中国共产党是中国特色社会主义事业的领导核心，其不仅在治国理政中发挥着掌舵定向的龙头作用，而且在社会主义核心价值观引领，中华民族优秀传统文化的历史性赓续、现代化转型、时代化发展等方面都发挥着领导核心作用。

① 习近平在文化传承发展座谈会上强调担负起新的文化使命努力建设中华民族现代文明 [N].人民日报，2023-06-03（1）.

（一）赓续中华优秀传统文化的民族性传承

中华民族是善于创新、崇尚和平、勇于奋进的民族，"和谐、和睦、和平的基因深深印刻在中华民族心中"①。中国式现代化在守正创新，创造人类文明新样态的过程中始终秉持最为厚重、最为深沉的精神追求，这就是代代相传的中华民族精神。中华文明具有"讲仁爱、重民本、守诚信、崇正义、尚和合、求大同"②的精神特质，这些精神特质是一个有机联系的整体，"是中华文明的智慧结晶，其中蕴含的天下为公、民为邦本、为政以德、革故鼎新、任人唯贤、天人合一、自强不息、厚德载物、讲信修睦、亲仁善邻等，是中国人民在长期生产生活中积累的宇宙观、天下观、社会观、道德观的重要体现"③。"中华民族"内在规定了中华民族现代文明的特殊性，其特殊性根源于源远流长、博大精深的中华文明，根植于中华民族的现实国情、历史传承和文化传统，是中华民族现代文明与西方文明相区别的本质特征。

习近平总书记指出："我们必须坚定历史自信、文化自信，坚持古为今用、推陈出新，把马克思主义思想精髓同中华优秀传统文化精华贯通起来、同人民群众日用而不觉的共同价值观念融通起来，不断赋予科学理论鲜明的中国特色，不断夯实马克思主义中国化时代化的历史基础和群众基础，让马克思主义在中国牢牢扎根。"④这从政治观念和意识形态的高度论述了中华文明的民族性价值，彰显了中国式现代化将科学性、民族性、人民性融为一体创造中华民族现代文明的精神力量。中华民族现代文明立足于深厚的中华文化血脉之中，具有鲜明的中国传统的基因，"坚定道路自信、理论自信、制度自信，从根本上来看就是要坚定文化自信"⑤。文化自信是中华民族自信自强屹立于世界民族之林的精

---

① 习近平在德国科尔伯基金会的演讲［N］.人民日报，2014-03-30（001）.
② 习近平关于社会主义文化建设论述摘编［M］.北京：中央文献出版社，2017：144.
③ 习近平著作选读：第1卷［M］.北京：人民出版社，2023：15.
④ 习近平著作选读：第1卷［M］.北京：人民出版社，2023：15.
⑤ 习近平在哲学社会科学工作座谈会上的讲话［N］.人民日报，2016-05-19（001）.

神支柱，具有最鲜明的感染力、最广泛的传播力和最持久的影响力。中国式现代化的文明新样态，不忘本来、继往开来，坚定文化自信，坚持正确的文化价值导向，将"仁义礼智信""协和万邦""见贤思齐""革故鼎新""刚毅艰卓"等中华优秀传统文化精髓与"守正创新""人类命运共同体""对立统一规律"等马克思主义基本原理与当代中国实践相结合的创新元素熔铸在一起，筑牢了中华民族现代文明的民族性血脉，夯实了中华民族现代文明的主体性根基。

（二）助力中华优秀传统文化的历史性跨越

我国拥有五千多年文明史，从中华民族历史连续性的逻辑来看，中华文明可以分为辉煌的古代文明、蒙尘的近代文明和走向复兴的现代文明。中华民族现代文明是指中国共产党领导中国人民在推进中华民族伟大复兴历史进程中创造的物质文明和精神文明的总和，包括中华民族现代化的物质条件、生产方式、生活方式、制度体系、价值观念、文化艺术以及人们的行为习惯和精神状态等，是在新时代探索和推进中国式现代化的过程中，在文明层域实现历史性跨越。中华民族现代文明既具有中华文明的一般属性和精神特质，也具有新时代服务于中国式现代化建设的阶段性特征。

作为四大文明古国之一的中国，长期以来是一个繁荣强盛的大一统国家，在漫长的历史长河中创造了璀璨辉煌的中华文化和厚重的大河文明。长久以来，中华民族因其发展模式、文明形态、大国国格等文化软实力方面的先进性为世界所瞩目，汉唐文化气派一度名扬海内外，为各国竞相模仿。近代以来，西方各国通过工业革命、产业革命、信息技术革命等数次技术革命的高速更迭而实现了现代化。与此同时，统治中国的清王朝却倨傲自守、闭关锁国，逐步落后于时代潮流。鸦片战争后，古老中国的大门被强行叩开，国家蒙辱，人民蒙难，文明蒙尘，人民生活在水深火热之中，璀璨的华夏文明在资本主义的坚船利炮下也黯然失色。骤然陷入落后境地，中华民族的历史认同和民族心理必然会遭受强烈冲击，一度出现了"全盘西化""打倒孔家店""废除汉语汉字"等割裂中华优秀传统文化与现代化建设事业的论断。现代化进程面临着巨大的文明观念选择与模式更新难题，如何在保持中华文明特性的同时，适应现代文明的普遍趋势，是中国式现代化在实践中需要不断思考和实验的命题。面对山河破碎的家园和千疮百孔的古老文明，中国式现代化推进中华民族现代文明探索以坚韧的生命力，愈是艰险愈向前的持续力赓续不断。从李鸿章、张之洞到洪秀全、洪仁玕，从谭嗣同、梁启超到蔡锷、孙中山……无数的仁人志士在黑暗中摸索，学习英法美日等资本主义强国的政治体制、文明形式和发展理念，不惜抛头颅洒热血，以满腔热血寻求救国救民、赓续文明的良方，虽都在一定程度上推动了历史车轮前进，但终究以失败告终。1921年中国共产党成立，在中国共产党的坚强领导和接续传承下，中华文明的发展面貌焕然一新。马克思向来重视从历史中探寻启示，提出"历史从根本上来看就是一切，我们比黑格尔、任何哲学学派都更加珍视和尊重历史"①。毛泽东指出："如今的中国是从历史的中国中发展来的，作为马克思主义者，我们不能割断历史。要总结孔夫子到孙中山，并继承历史遗产。"②中华民族现代文明赓续了秦汉雄风、魏晋风骨、大唐气象和康乾盛世，它不是传统中国发展模式的简单复兴，也不是资本主义现代化模式的模仿和翻版，而是将社会主义根植于中华民族优秀传统文化，进而使之相融相通的原创式。中国式现代化创造的新的文明形态，使中华优秀传统文化重新焕发勃勃生机，助推中华民族现代文明高效整塑、创新超越，为中华民族伟大复兴注入了强心剂、凝心剂，为东方雄狮重新觉醒补足了精神之钙，在中华文明发展史上具有里程碑式的意义。

（三）引领中华优秀传统文化的时代化创新

如果传承是历史责任，那么创新就是时代责任。中华优秀传统文化在新时代要创新性发展，必须大力加强新时代文化强国建设，也就是建

---

① 马克思恩格斯全集：第1卷［M］.北京：人民出版社，1956：650.
② 毛泽东选集：第2卷［M］.北京：人民出版社，1991：534.

设具有时代特色、引领时代潮流、体现中国乃至全球文化发展方向的时代性文化。习近平总书记指出："在复杂多变的国际局势中，唯创新者胜、唯创新者强。"① 创新是中华民族现代文明建设永不停歇的动力源泉，中华民族历来秉持"周虽旧邦，其命维新"的创新精神，在传承和创新的双向互动中不断"推陈出新"，创造了适应新时代新发展阶段的现代化物质文明和精神文明。中国的现代化进程，也是中华民族现代文明根植于中华优秀传统文化土壤，立足于现代化建设伟大实践，在坚持马克思主义科学真理的基础上，不断开拓创新，进而将现代化建设的成功经验与理论成果消化吸收，实现中华民族现代化文明塑造的过程。正如中国式现代化引领人类文明新形态一样，中国必须在世界文化体系中坚持中华文化的主体性，全面提升中华文化的国际传播力和影响力，但是这种传播力和影响力的提升，并不是像西方文明主导西方文化体系所主张的"普世价值""和平演变""零和博弈"那样，要求甚至强制别的国家接受自己的发展模式和文化形态。恰恰相反，中华文化强调"己所不欲，勿施于人"，通过自己的言行、礼仪、道德和文明修养潜移默化地对其他国家和地区产生积极效应，进行中华民族现代文明的时代化创新，进而发挥创造人类文明新形态、构建人类命运共同体的建设作用。中国共产党不仅是一个善于理论创新的政党，也是一个勇于践行的政党。对中华优秀传统文化，中国共产党不仅在方针政策上主张继承、弘扬、创新发展，且在实践中坚持践行优秀传统文化，使中华优秀传统文化在中华大地乃至全人类生根结果。

---

① 习近平关于社会主义经济建设论述摘编[M].北京：中央文献出版社，2017：3.

二、坚持马克思主义指导地位，厚植民族文化根基

马克思主义是党治国理政的指导思想，其科学性、辩证性、革命性和创新性决定了马克思主义是颠扑不破的科学真理。中华优秀传统文化是中华民族的根和魂。如何正确处理二者关系，是百年来中国共产党用实际行动不断回答的时代之问。其关键就在于把马克思主义基本原理与中华优秀传统文化的真理内核结合起来，坚持批判与继承相统一，立足实践，勇于创新，厚植马克思主义指导下的中华优秀传统文化根基。

（一）坚持批判与继承相统一

中华传统文化博大精深，包罗万象，精华与糟粕并存。中国共产党人坚持"取其精华，去其糟粕"，使传统文化精髓得以传承发展。毛泽东用唯物辩证法批判"天不变，道亦不变"的传统观念，同时又从《资治通鉴》中汲取治国智慧，体现出其对待传统文化的历史唯物主义态度。邓小平汲取"文革"的教训，对封建文化残余予以深刻批判，将弘扬中华优秀传统文化作为社会主义精神文明建设的重要内容。进入新时代，面对严重的生态环境问题，习近平总书记提出"绿水青山就是金山银山"，将古代建立在唯心主义基础上的"天人合一"思想用唯物主义观点加以批判继承，把"天人合一"与经济发展相联系，认为保护生态环境就是保护生产力，赋予传统观念以新的时代内涵。指出全盘否定传统文化的历史虚无主义和完全照搬传统文化的文化复古主义均不可取，要始终坚持批判、继承与创新相统一，既一脉相承又与时俱进。恩格斯指出："每一个时代的哲学作为分工的一个领域，都具有由它的先驱者传给它而它便由此出发的特定思想资料作为前提。"① 这表明包括哲学在内的意识、观念、文化和精神的发展都是继承与创新的统一。回溯中国共产党百年来的理论创新史和文化重塑史，科学的传统文化观是既一脉

---

① 马克思恩格斯选集：第 4 卷［M］.北京：人民出版社，2012：612.

相承又与时俱进的。从总体上看，中国共产党人的传统文化观既继承了前人的传统文化观，如马克思主义经典作家的传统文化观等，同时又根据新时代新的实践要求提炼出新的精神内核，从而拓展了中华优秀传统文化观的时代意涵。以毛泽东同志为主要代表的中国共产党人的传统文化观既与马克思、恩格斯等的传统文化观具有紧密联系，也继承了早期中国共产党人的传统文化观，同时又是对后两者的丰富和发展。改革开放新时期，分别以邓小平、江泽民和胡锦涛为主要代表的中国共产党人的传统文化观的发展，新时代以来，以习近平同志为核心的党中央在"三个自信"的基础上提出"文化自信"，更是对中华民族优秀传统文化的高度自信和弘扬发展。

（二）正确处理马克思主义与传统文化的关系

马克思主义是中国共产党的指导思想和国家主流意识形态，中华优秀传统文化是中华民族的精神基因和血脉。如何正确处理两者之间的关系使其相向而行、使其在相互融通的基础上取得实践效力是摆在中国共产党面前亟待解决的问题。

中国共产党成立百年来的文化实践告诉我们：一方面，要坚持马克思主义在意识形态领域的指导地位，不能以马克思主义替代传统文化。社会主义制度在中国确立后，我们需要与社会主义经济、政治相适应的社会主义文化。抛弃传统文化，社会主义文化就成了无源之水、无根之木。因而，就应该以传统文化为资源更好地实现马克思主义中国化、时代化、大众化。另一方面，也不能片面强调传统文化的正统性而偏废马克思主义。如认为马克思主义是"异族文化""舶来文化"等，主张"以儒代马""以儒化马"，这种观点是完全站不住脚的，它忽视了传统文化的历史局限性，没有看到中国化的马克思主义早已成为中国文化的一部分。因而，必须在马克思主义与中华优秀传统文化相结合的基础上创造中华民族现代文明。

新中国成立后，成功实施了第一个五年计划，对农业、手工业、资本主义工商业进行了社会主义改造。在社会主义建设初期，我国反思并突破苏联片面强调重工业发展的规模和速度而忽视了农业、轻工业的以及人的生存发展需求的现代化发展模式。探索了农业、轻工业、重工业比例协调的，提高人民生活水平、满足人民基本生活需求的工业化、现代化之路。改革开放和社会主义现代化建设新时期，以邓小平同志为主要代表的中国共产党人提出以经济建设为中心，大力发展生产力。强调既要把蛋糕做大，又要把蛋糕分好，关注社会主义现代化建设对人的发展问题，以切实提高人的现代化水平。以江泽民代表的中国共产党人将社会主义事业的价值目标同人的发展联系起来，首次明确提出人的全面发展问题。以胡锦涛代表的中国共产党人进一步提出科学发展观，强调以人为本是科学发展观的本质和核心。明确提出了经济发展的价值目标，是全面、协调、可持续地促进经济社会和人的全面发展。党的十八大以来，中国特色社会主义进入新时代，以习近平同志为核心的党中央，在我国在现代化进程中统筹推进"四个全面"战略布局、协调推进"五位一体"总体布局，推进我国现代化事业取得历史性成就，发生历史性变革。

（三）坚定文化自觉和文化自信，立足实践勇于拓新

高度的文化自觉和坚定的文化自信是中国共产党人传统文化观百年演进的鲜明特征，是我们党推动传统文化繁荣发展的精神底气。一个政党的力量在一定意义上取决于文化自觉和文化自信的程度，具有文化自觉的政党才是有主见的政党，具有文化自信的政党才是有前途的政党。百年来，无论是革命、建设、改革时期还是新时代，每逢重要历史节点，中国共产党都结合时代要求和中心任务，以思想文化的自觉和自信凝聚奋斗力量，为党的事业提供精神支撑。百年来，中国共产党人的文化自信表现在对传统文化的深刻认识、科学把握和主动担当。只有坚定文化自信，我们党才能始终在时代最前沿引领文化前进方向，凝聚起强大的精神力量，才能有力推进社会主义文化强国建设和民族复兴。必须紧随时代语境转换，不断回答实践探索中生发出的重大问题。马克思指出，"观念的东西不外是移入人的头脑并在人的头脑中改造过的物质

的东西而已"，"人们的意识取决于人们的存在"。作为一种观念，传统文化观的发展演变亦遵循这一原理。百年来党的传统文化观演进历史表明，科学传统文化观的发展总是建立在一定客观基础上。一方面，它总是要反映中国传统文化的本来面目，不能主观强加一些传统文化本身所没有的东西；另一方面，它总是要依据时代语境转换和实践发展的需要提出与时俱进的观点，而这是更根本且更重要的方面。时代和实践总是动态性地以这样那样的方式不断提出"何为传统文化，如何对待传统文化"的问题。如抗日战争时期，毛泽东把传统文化作为凝聚民族精神的思想资源提升出来，指出："从孔夫子到孙中山，我们应当给以总结，承继这一份珍贵的遗产。"① 这样，适应当时凝聚民族精神的战争需要，既用"从孔夫子到孙中山的珍贵遗产"说明了何为传统文化，也"给以总结"指明了如何对待传统文化。新时代以来，习近平总书记反复强调创造性转化与创新性发展优秀传统文化，实际上拓展了如何对待传统文化这一问题的话语空间。正是在实践探索中不断回答时代之问，科学的传统文化观才得以丰富、发展和升华。

三、把握"生命线"，释放文化培根铸魂效能

随着时代的发展进步，无论文化的表现形式如何日新月异，在马克思主义指导下中华民族文化的创新发展始终把握好党的思想路线和群众路线。明确文化为社会主义、为人民大众服务的方向，充分释放文化培根铸魂的精神引领效能。

（一）以人民为中心，贯彻群众观点和群众路线

"为谁创作、为谁立言的问题"关乎中华优秀传统文化传承发展的价值旨向和创作导向。从 1921 年中国共产党成立至今，中国共产党人始终发展人民群众喜闻乐见的社会主义文化。人民是社会精神财富的创

---

① 中共中央文献研究室.建国以来重要文献选编：第 17 册［M］.北京：中央文献出版社，1997：359.

造者也是享有者，故守正创新优秀传统文化不仅离不开人民，更要为人民服务。在新民主主义革命时期，毛泽东提出，"新民主主义的文化是大众的……应为全民族中百分之九十以上的工农劳苦民众服务"[①]，这就道出了新民主主义文化是在凝聚人民智慧的群众实践基础上创造的，是为人民服务的。新中国成立后，我们党坚持"为人民服务、为社会主义服务"的根本方向，对传统文化古为今用、推陈出新，创作了大批反映社会主义革命、建设成就以及社会新风尚的优秀文化作品，使社会主义文化建设的面貌焕然一新。改革开放以来，中国共产党以人民日益增长的精神文化需求和人的全面发展为着眼点，强调既要把蛋糕做大，又要把蛋糕分好，满足人民群众的多种多样化需求，发展多元化文化事业和文化产业，为人民提供了丰富多样的公共文化产品和服务。新时代以来，我党始终坚持人民至上，创造性转化和创新性发展优秀传统文化，创作出引发人民思想共鸣的优秀文化作品。中国共产党人传统文化观的百年演进是围绕马克思主义中国化的历史主线展开的，坚持马克思主义与中华优秀传统文化的融通结合是这一演进历程的基本遵循。一方面，马克思主义为中国共产党认识评判和继承发展传统文化提供了唯物辩证的思维方法和唯物史观视野。以马克思主义的科学理论、思想、方法、原则为基本遵循，而不是按部就班、移花接木。在革命、建设、改革的不同历史时期，中国共产党始终坚持以马克思主义和马克思主义中国化最新成果为指导，用马克思主义的立场、观点和方法批判继承、创新发展中华优秀传统文化，使其更好地适应时代发展要求并为时代和人民服务。另一方面，中华优秀传统文化为实现马克思主义中国化提供了深厚的文化根基。科学的理论只有与正确的实践相结合才能迸发出物质的力量。马克思主义只有植根中华优秀传统文化沃土，才能为中国人民所认同和掌握，形成符合 14 亿多中国人能够看得懂、用得通、学得会、传得开的符合最广大的中国人民精神需求的文化创新成果，使之具有中国

① 中共中央文献研究室．毛泽东文艺论集［M］．北京：中央文献出版社，2002：43.

特色和中国气派，在世界文化百花园中独树一帜。

（二）坚持科学的传统文化观，勇于同非科学的传统文化观作斗争

中国共产党人传统文化观的百年演进历程表明，我们党既是中华优秀传统文化的忠实继承者和弘扬者，也是其坚定的创新者和发展者，百年党史就是一部继承弘扬和创新发展中华优秀传统文化的历史。在这一历史进程中，何为传统文化、如何对待传统文化，始终是中国共产党人无法回避并且必须解决的问题。在探索和回答这个问题的过程中形成的传统文化观是否科学，直接影响到党和国家的事业能否顺利推进。在党的幼年时期，我们党之所以还不善于把马克思主义与包括中国传统文化在内的具体实际相结合，一个重要的原因就在于当时尚未形成科学的传统文化观。当以毛泽东同志为主要代表的中国共产党人确立并坚持了科学的传统文化观后，我国的革命面貌很快就为之一新。"文化大革命"期间以全盘否定传统文化为特征的僵化传统文化观，严重阻碍了党和国家事业的顺利发展。改革开放后，尤其是党的十八大以来，我们党前所未有地高度重视中华优秀传统文化的传承发展，推动实现了社会主义文化的大发展大繁荣，这固然是多方面因素共同作用的结果，但自始至终不曾离开党的科学传统文化观的指导。毛泽东曾说："正确的东西总是在同错误的东西作斗争的过程中发展起来的。……当某一种错误的东西被人类普遍地抛弃，某一种真理被人类普遍地接受的时候，更加新的真理又在同新的错误意见作斗争。"[①] 这一真理发展的规律当然也是传统文化发展的规律，因而同样适用于审视中国共产党人传统文化观的演进发展。100多年来中国共产党人传统文化观的演进历程表明，科学传统文化观的形成和发展不是一帆风顺的。以李大钊为主要代表的早期中国共产党人的传统文化观，主要是在与当时以激进批判为特征的传统文化观的斗争中萌发探索的；以毛泽东同志为主要代表的中国共产党人的传统文化观，主要是在与以全盘否定为特征的传统文化观的斗争中形成发展

① 中共中央文献研究室.毛泽东文艺论集［M］.北京：中央文献出版社，2002：160.

的；以邓小平同志为主要代表的中国共产党人的传统文化观，主要是在与"两个凡是"和"全盘西化"等错误主张的斗争中拓展深化的；进入新时代，以习近平同志为主要代表的中国共产党人的传统文化观，主要是在与关于传统文化的"虚无论""劣质论""无用论"等错误观点的斗争中升华完善的。

（三）以问题为导向推动传统文化创新

文化是一脉相承的，但不是一成不变的，只有随着时代的变化不断发展、与时俱进才能保持中华文化的鲜活生命力。百年来，根据国情的变化和革命、建设、改革的需要，中国共产党人以问题为导向，不断推动传统文化创新发展，赋予其时代内涵。特别是党的十八大以来，习近平总书记基于新时代治国理政的伟大实践，明确提出要推动中华优秀传统文化创造性转化和创新性发展。面对贸易保护主义思潮，他将中国传统的"立己达人"思想加以创新发展，提出了旨在互利共赢的"一带一路"倡议，唤起了周边国家美好的丝路回忆。面对反腐败斗争的严峻形势，他用"奢靡之始，危亡之渐"来旗帜鲜明地要求制止奢靡之风，创造性地提出加强党内政治文化建设的新任务。这些都体现出共产党人传承创新传统文化过程中鲜明的问题导向意识。历史经验启示我们，面对当前各种文化思潮交融交锋的态势，必须高度重视传统文化的作用，以问题为导向推动传统文化创新，进一步维护国家文化安全，提高国家文化软实力。必须重视实践经验，善于在总结经验中前行。无论是正面的经验抑或是反面的教训，都是宝贵的精神财富。总结成功的经验是十分有益的，吸取失误的教训也是特别重要的，甚至是更重要的。百年来中国共产党人传统文化观的发展历史表明，不断总结实践中的经验教训，在总结经验教训中确立并发展科学的传统文化观，本身就是一条特别重要的经验。

中华优秀传统文化融入高校思想政治教育的时代诉求

第一节　新时代中华优秀传统文化融入高校思想政治教育的新发展

一、中华优秀传统文化融入高校思想政治教育取得的成绩

近年来，中华优秀传统文化在高校思想政治教育中的融入取得了显著成绩。首先，通过传统文化的教育，学生更加深入地了解了中华传统文化的博大精深，增强了对祖国历史文化的自豪感和认同感。其次，传统文化的价值观渗透到思想政治教育中，弘扬了儒家思想中的仁爱、礼义、忠孝等传统美德，培养了学生的社会责任感和公民意识。同时，通过传统文化与现代社会的对话与融合，激发了学生对创新的热情与动力，推动了高校思想政治教育的深化和发展。值得一提的是，高校还通过举办传统文化讲座、书画比赛、戏曲表演等形式多样的活动，营造了浓厚的传统文化氛围，使学生在校园中能够身临其境地感受传统文化的魅力。总体而言，中华优秀传统文化的融入为高校思想政治教育注入了新的活力和内涵，促进了学生综合素质的提升，为培养德智体美劳全面发展的社会主义建设者和接班人奠定了坚实基础。

在新时代的背景下，中华优秀传统文化融入高校思想政治教育取得了显著的成绩，这不仅是教育领域的进步，更是文化传承和创新的具体体现。作为高校思政课教师，笔者深感自豪，同时也深感责任重大。

（一）课程内容的丰富与深化

自 1919 年五四运动以来，中华优秀传统文化尽管历经风雨，但在国家与民族的历史进程中一直发挥着重要作用，体现在民族精神、价值观、道德品质和思维方式等方面。尽管如此，近代以来文化变迁所带来的对传统文化的批判、对"传统与现代"问题的思考，以及西方经济实力带来的思想冲击等现象，使人们的文化情感和教育心理变得复杂。在教育领域，这导致了中华优秀传统文化研究人才的减少和断层，以及在人才培养中传统文化内容的不足甚至缺失，青年一代对民族文化的认识出现了偏差。中国共产党作为中华文化的传承者与弘扬者，自成立之初就承担起了延续民族文化的历史使命，并在曲折的发展中延续了中华文明的血脉。特别是改革开放以来，党提出了物质文明建设和社会主义精神文明建设并重的战略方针，推动了思想文化的繁荣发展，极大地促进了高校思想政治教育内容的丰富与实践的拓展，为中华文化融入高校思想政治教育创造了良好的宏观环境。同时，党和国家领导人不断提高对优秀传统文化重要价值的科学认识，并将传承与弘扬优秀传统文化上升到国家发展的重要战略位置进行统筹部署。

近年来，高校思想政治教育课程在内容设置上更加注重中华优秀传统文化的融入。通过挖掘传统文化中的教育资源，如儒家思想、道家智慧、法家理念等，丰富了课程内容，使之更加贴近学生的实际需求。同时，对传统文化进行现代解读，使其与社会主义核心价值观相结合，引导学生树立正确的世界观、人生观和价值观。

（二）教学方法的创新与实践

高校在课程设置上进行了创新。除了传统的政治理论课程，高校还增设了传统文化课程，如中国文化史、中国哲学思想等，以便学生更深入地了解和感受传统文化的内涵与价值观。高校注重在实践活动中贯彻传统文化。通过举办传统文化体验活动、文化艺术展览等形式，让学生有机会亲身感受传统文化的魅力，并在实践中体会到传统文化对于个人修养和社会发展的重要作用。高校还通过创新教学方法，提升传统文化教育的吸引力和实效性。例如，采用互动式教学、线上线下结合等方式，激发学生的学习兴趣，增强他们对传统文化的认同感和归属感。

高校还注重培养学生的传统文化研究能力和创新能力。通过开展学术研讨会、论文写作竞赛等活动，激发学生对传统文化的深入探索和思考，培养其批判性思维和创新能力。

在教学方法上，高校思政课教师积极探索将传统文化元素融入现代教学手段的新途径。通过利用多媒体技术、网络教学平台等现代教学工具，将传统文化知识以更加生动、形象的方式呈现给学生，提高了学生的学习兴趣和参与度。同时，结合实践教学、校园文化活动等形式，让学生在亲身体验中感受传统文化的魅力，增强文化认同感。

（三）师资力量的提升与培养

中华优秀传统文化在高校思想政治教育中的教育创新与实践是一项重要而丰富的任务。通过多种形式和途径，高校积极将传统文化融入思想政治教育中，以培养学生的爱国主义情感、文化自信和社会责任感。

为了提升传统文化的教育质量，高校应积极加强师资力量的培养与提升。通过招聘具有深厚传统文化功底和教学经验的专业人才，以及培养现有教师的传统文化教育能力，确保教学团队的专业素质与水平。同时，高校鼓励教师参与学术交流、教学研讨等活动，不断提升其传统文化教育理论水平和实践能力，以更好地为学生传授传统文化知识，引领他们走向传统文化的深度认知与理解。

（四）文化自信的增强与传承

中华优秀传统文化的传承与文化自信的增强是密不可分的。通过传承优秀传统文化，人们能够更加深刻地认识自己的文化根源，增强对自身文化的认同感和自信心。同时，这也有助于在国际舞台上展现中华文化的独特魅力和价值观，促进文化软实力的提升。因此，加强中华优秀传统文化的传承是提升文化自信的重要途径之一。

通过将中华优秀传统文化融入高校思想政治教育，大学生的文化自信得到了显著增强。他们更加深入地了解了中华文化的独特魅力和深厚底蕴，对中华文化的认同感和自豪感不断提升。这种文化自信不仅有助于大学生在面对多元文化和价值观冲击时坚守中华文化立场，更能够激发他们的爱国热情和民族自豪感，为担当民族复兴大任提供强大的精神动力。

（五）实践自觉的培育与提升

中华优秀传统文化的融入还有助于培育大学生的实践自觉。传统文化中的实践智慧如"自强不息""和为贵"等理念，引导大学生在面对困难和挑战时勇于担当、敢于实践。通过将个人理想融入国家发展大局，大学生更加积极地投身到国家建设和发展中去，为实现中华民族伟大复兴的中国梦贡献智慧和力量。

中华优秀传统文化的实践自觉培育与提升是一个持续而复杂的过程。首先，教育部门应加强传统文化教育，包括历史、诗词、书画等方面，通过课堂教学和校园文化活动，培养学生对传统文化的兴趣和热爱，引导他们在日常生活中进行文化实践。其次，社会各界应建立更多的传统文化实践平台，如传统手工艺品制作、民俗活动等，为人们提供参与传统文化实践的机会。政府可以通过资金支持和政策倾斜，鼓励社会组织和企业开展相关活动。再次，媒体和网络平台也扮演着重要角色，应当加强对传统文化的传播和宣传，激发公众对传统文化的兴趣，并引导他们参与相关的实践活动。最后，最重要的是，个人的自觉性和主动性也至关重要。每个人都应当珍视自己的文化传统，通过学习和实践不断提升自己的文化素养，传承和弘扬中华优秀传统文化。只有通过多方共同努力，才能够培育和提升中华优秀传统文化的实践自觉。

总之，在新时代背景下，中华优秀传统文化融入高校思想政治教育取得了显著成绩。这不仅丰富了课程内容、创新了教学方法、提升了师资力量，更增强了大学生的文化自信和实践自觉。作为高校思政课教师，我们将继续肩负起传承和弘扬中华优秀传统文化的重任，为培养担当民族复兴大任的时代新人贡献自己的力量。

二、中华优秀传统文化融入高校思想政治教育存在的问题

随着新时代的到来，中华优秀传统文化在高校思想政治教育中的融入已成为教育改革的重要议题。然而，在实际操作过程中，仍存在一些问题，这些问题不仅影响了传统文化教育的效果，也制约了高校思想政治教育工作的深入开展。

高校教育对于中华优秀传统文化的融入重视程度还需进一步提高。在党和国家的大力推动下，高校、教师、学生和家长普遍认可传统文化的时代价值。然而，在实际操作中，"说起来重要，做起来次要，忙起来不要"的现象时有发生。

高校未能充分开展传统文化教育有一些客观原因，比如办学资源有限，具备相关学术背景的教师人才不足等。但更深层次的问题在于，对优秀传统文化的重视程度不够。在教师方面，由于教学和科研任务的压力，以及个人职业晋升的考虑，许多教师更关注自身专业的教学和研究，而缺乏对传统文化的兴趣和动力。这反映出对民族历史文化缺乏深刻理解，也欠缺在本土文化中进行学术探索的意识和创新思维。这种状况对当代大学生的影响显著。由于传统文化的教育和实践机会不足，学生很难建立起对中华优秀传统文化的深刻理解，难以获得充分的文化熏陶。这使得他们在面对西方文化的冲击和社会思潮的影响时，容易陷入价值迷失和思想困惑。

一项地区性抽样调查显示，超过80%的学生对传统文化表现出极大的兴趣，但他们缺乏接触和体验传统文化的途径。这表明高校应根据国家教育方针，充分认识到传统文化教育的重要性，合理分配办学资源，促进学生的全面发展。同时，高校应建立长期有效的文化教育机制，完善教师评价体系，将传统文化纳入考核体系，激励各专业的教师参与课程思政建设，发掘专业课程与传统文化的联系，从而帮助大学生在知识、价值观和能力等方面全面发展。

（一）教育内容与方式单一

当前，很多高校在融入中华优秀传统文化时，教育内容主要停留在传统知识的传授上，缺乏对文化精髓和深层内涵的挖掘。教育方式也往往采用传统的讲授方式，缺乏创新和互动性，难以激发学生的学习兴趣。这种单一的教育内容和方式，不仅不能满足新时代大学生的多元化需求，也限制了传统文化教育的广度和深度。

针对教育内容与方式单一的问题，高校可以采取多种措施来进行改进和丰富。如多样化教学内容：增加传统文化教育的多样性，包括历史、文学、哲学、艺术等方面，让学生从不同角度了解和体验传统文化；创新教学方法：引入互动式教学、实践性教学、案例分析等方法，激发学生的学习兴趣，提升教学效果；跨学科融合：将传统文化教育与其他学科融合，例如将传统文化与科技、商业、环境等领域相结合，拓展学生的思维边界；实践活动与体验式学习：组织学生参与传统文化活动、实地考察等实践性活动，让学生通过亲身体验深入理解传统文化的内涵；个性化教学：根据学生的兴趣爱好和特长，开设个性化的传统文化课程或项目，满足不同学生的需求。通过以上措施，可以丰富传统文化教育的内容与方式，提升学生的学习体验和效果，促进他们对传统文化的深入理解与感悟。

（二）教育资源配置不足

中华优秀传统文化融入高校思想政治教育需要相应的教育资源支持，包括师资力量、教学设施、教材等。然而，目前很多高校在这方面存在明显的不足。师资力量方面，缺乏专业的传统文化教师，很多教师自身对传统文化的理解和研究不够深入。教学设施方面，缺乏专门用于传统文化教育的教室和设施。教材方面，缺乏系统、全面、高质量的传统文化教材。这些资源配置的不足，严重制约了传统文化教育的开展。

教育资源配置不足是一个普遍存在的问题，可以通过以下方式来解决。优化资源利用：高校可以通过合理规划教学时间、班级资源，充分利用现有设施和师资，确保资源的最大化利用效益；拓展外部资源：开展校企合作、校地合作等形式，引入外部资源支持教育事业，例如引进行业专家、企业资助、社会组织合作等；互联网技术支持：利用互联网技术，开发在线教育平台、数字化教学资源，提供更加丰富的教学内容和学习资源，弥补传统教育资源的不足；政府支持与投入：政府可以增加对教育事业的投入，加大对高校的经费支持，提供更多的教学设备、图书馆藏书、实验室设施等基础设施资源；社会捐赠与资助：鼓励社会各界捐赠资助教育事业，设立教育基金，支持学校的教学和科研活动。通过以上措施，可以逐步缓解教育资源不足的问题，提升教育质量，促进教育公平和可持续发展。

（三）缺乏与时俱进的教育理念

新时代背景下，高校思想政治教育的理念应该与时俱进，注重培养学生的创新精神和实践能力。然而，在实际操作中，很多高校仍然沿用传统的教育理念，过于注重知识传授而忽视了学生的主体地位和个性发展。这种落后的教育理念，不仅与新时代的教育要求相悖，也影响了中华优秀传统文化在高校思想政治教育中的有效融入。

缺乏与时俱进的教育理念可能导致教育体系滞后于社会发展的步伐。为了解决这个问题，可以采取以下措施。持续教师培训：提供教师专业发展和教育理念更新的培训课程，使其了解最新的教育理论和实践，不断提升教育教学水平；灵活课程设置：调整课程设置，增加与时代发展和社会需求相适应的新课程，如人工智能、数据科学、环境保护等，培养学生的综合素质和实践能力；推行创新教学方法：推广使用创新的教学方法，如项目式学习、问题解决式学习、合作学习等，培养学生的创新思维和实践能力；强化学校与社会的联系：加强学校与行业、企业等社会资源的合作与交流，及时了解社会需求，调整教育内容和方法，使之与时俱进。通过以上措施，可以促进教育理念的更新与发展，使教育体系更加符合时代需求，为学生提供更优质的教育服务。

（四）缺乏与社会的有效对接

高校思想政治教育的最终目的是为社会培养合格的人才。然而，目前很多高校在融入中华优秀传统文化时，往往忽视了与社会的有效对接。一方面，缺乏与社会的互动和交流，导致教育内容脱离实际，难以引起学生的共鸣。另一方面，缺乏与社会的合作和实践，导致学生缺乏将传统文化知识转化为实际行动的能力。这种缺乏与社会有效对接的教育模式，不仅影响了传统文化教育的实际效果，也制约了学生综合素质的提升。

将中华优秀传统文化融入高校思想政治教育，并确保其与社会的有效对接是一个重要的目标。要改善这一对接，可以将以下几个方面作为切入点。加强理论与实践结合：高校应该开设关于中华优秀传统文化的理论课程，并通过实践教学，如文化考察、传统工艺制作等，让学生能够将所学理论与实际体验相结合；推动多学科融合：将中华优秀传统文化与其他学科融合，如历史、文学、哲学等，让学生在多学科视角下理解和运用传统文化知识；加强文化交流活动：高校可以与社会组织联合举办文化交流活动，如传统节日庆祝、文化节、传统技艺展示等，提供学生与社会接触的机会，促进文化传承与传播；引入行业专家和学者：邀请行业专家、学者、文化传承人等到高校开展讲座和研讨会，让学生了解传统文化的现实应用和发展趋势；建立校友资源网络：利用校友资源，邀请曾在传统文化相关领域发展的校友分享经验，为学生提供职业发展指导和社会对接机会；推动校园文化建设：在校园内打造浓厚的传统文化氛围，例如设立传统文化主题雕塑、举办文化节等，激发学生对中华优秀传统文化的兴趣；培养社会责任感：高校可以组织学生参与社会服务活动，如传统文化推广、社区文化活动等，增强学生的社会责任感，促进他们积极投身于传统文化的保护和传承。通过以上策略，高校可以更好地将中华优秀传统文化融入思想政治教育，并确保其与社会的有效对接，从而在培养学生文化认同感和社会责任感方面取得实质性进展。

（五）缺乏对国际视野的拓展

在全球化的今天，高校思想政治教育应该具有国际视野，注重培养学生的跨文化交流能力。然而，在融入中华优秀传统文化时，很多高校往往只关注传统文化的传承和弘扬，忽视了与国际文化的交流和融合。这种缺乏国际视野的教育模式，不仅限制了传统文化教育的广度和深度，也影响了学生跨文化交流能力的培养。缺乏对国际视野的拓展是当前中华优秀传统文化传承面临的一个挑战。虽然传统文化是中华民族的瑰宝，但在全球化的今天，了解和尊重其他文化同样至关重要。

为了解决这一问题，教育部门可以加强国际交流与合作，推动跨文化学习和对话。通过国际交流项目、学术研讨会等形式，让更多的人了解和学习世界各国的文化，拓展自己的国际视野。媒体和互联网平台也可以扮演重要角色，传播世界各地的文化信息，促进文化多样性和包容性。个人也应该积极主动地学习和了解其他文化，通过旅行、阅读、参与国际交流等方式，开阔自己的视野，增强对多元文化的理解和尊重。

总之，新时代中华优秀传统文化融入高校思想政治教育存在诸多问题，包括教育内容与方式单一、教育资源配置不足、缺乏与时俱进的教育理念、缺乏与社会的有效对接以及缺乏对国际视野的拓展等。为了解决这些问题，高校应该采取积极措施，如丰富教育内容和方式、加强教育资源建设、更新教育理念、加强与社会和国际的交流与合作等，以推动中华优秀传统文化在高校思想政治教育中的有效融入和发展。

第二节　新时代中华优秀传统文化融入高校思想政治教育的挑战机遇

一、中华优秀传统文化融入高校思想政治教育的时代挑战

中华优秀传统文化作为中华民族的宝贵财富，承载着丰富的历史、文化和智慧，对于塑造人们的思想观念、道德品质、行为规范具有重要

的指导意义。高校作为培养未来社会栋梁的重要阵地，其思想政治教育的质量直接关系到国家的未来发展。在新时代背景下，将中华优秀传统文化融入高校思想政治教育，既是一项重要的教育任务，也是一项充满挑战的时代课题。这一过程的推进，不仅涉及教育内容、方式方法的创新，还涉及教育理念、教育环境等多个方面的变革。因此，深入探讨这些挑战，对于推动中华优秀传统文化在高校思想政治教育中的有效融入具有重要意义。

（一）教育内容与方式的创新挑战

随着信息技术的飞速发展，大学生的信息获取渠道日益多元化，他们对于知识的需求和接受方式也在发生深刻变化。传统的以讲授为主的教学方式过于死板，难以满足现代大学生的需求。如何将中华优秀传统文化与现代教育技术相结合，创新教育内容和方式，使之更加符合大学生的学习习惯和兴趣点，是当前面临的重要挑战。

首先，我们需要重新审视传统教学内容的布局与设计。中华优秀传统文化蕴含丰富的哲学思想、文学艺术、历史传承等，通过设计更具互动性和趣味性的课程替代传统的单向传授知识，引导学生积极参与讨论和思考。同时，结合当下的社会热点和现实问题，将中华优秀传统文化与学生的日常生活联系起来，增强他们的学习兴趣和参与度。其次，教育方式的创新也是关键所在。借助互动式教学软件、网络教学平台等现代教育技术，为学生提供更加灵活、多样化的学习方式。利用大数据分析技术，了解学生的学习习惯和兴趣特点，为教学内容的个性化定制提供数据支持，使教育更加贴近学生的实际需求。利用在线课程、虚拟实验室等形式，拓展学生的学习空间和时间，更好地适应个性化学习的需求。举办传统文化体验活动、讲座、展览等具有浓厚的学习氛围和文化氛围的活动，能够让学生沉浸式深入了解和感受传统文化的内涵和价值，体会中华优秀传统文化的魅力。

中华优秀传统文化和现代教育技术结合为基础去创新教育内容和方式，可以提升教学效果，激发学生的学习兴趣和潜能，培养他们全面发展的人才。所以我们应该不断探索和实践，不断推动教育的改革与创新，以更好地满足时代和社会的需求。

（二）教育资源的整合与利用挑战

中华优秀传统文化融入高校思想政治教育，需要充分利用各类教育资源，包括师资、教材、设施等。然而，现实中往往存在教育资源分散、利用不足等问题。如何有效整合和利用这些资源，提高教育资源的使用效率，是摆在教育者面前的一大难题。

建立高效的资源管理体系和信息化管理平台。对各类教育资源进行系统的归集和分类形成高效的资源管理体系，确保资源的全面掌握和合理利用。信息化管理平台实现资源的动态监控和调配，可以及时发现和解决资源利用不足的问题。

加强资源共享与合作。各个高校之间建立合作机制，共享教育资源，例如共同开发教材、共建教学实验室、共享优秀教师资源等。高校与社会各界建立良好的合作关系，充分利用社会资源，为高校思想政治教育提供更多的支持和帮助。

加强师资队伍建设。优秀的师资队伍是教育资源的重要组成部分。加强师资培训、激励优秀教师、建立师资交流平台等方式能够不断提升师资队伍的整体水平和素质，从而提高教育质量。

加强教育资源的管理和监督。建立健全的评估机制，对教育资源的利用效率进行定期评估和监测能够及时发现问题并采取措施加以改进。加强对资源利用过程的监督能够确保资源的合理分配和有效利用。

有效整合和利用教育资源是中华优秀传统文化融入高校思想政治教育的重要保障。充分发挥各类教育资源的作用，能更好地推动高等教育的发展，培养出更多符合时代要求的优秀人才。因此，我们应该加强资源管理和共享合作，不断完善资源利用机制，提高教育资源的使用效率，为教育事业的发展贡献力量。

（三）教育理念的更新与转变挑战

在新时代背景下，高校思想政治教育更加注重学生的主体地位和个性发展，培养学生的创新精神和实践能力。这就需要长期受传统教育理念影响的教育者及时转变传统的以知识传授为主的教育模式。然而，在理念更新和转变过程中教育者往往会遇到诸多困难和阻力。

第一，思想观念的转变。传统的教学模式下，教育者习惯性认为教育的核心是知识传授。而新时代更加注重学生的主体地位和个性发展。因此需要教育者及时更新自己的思想观念，认识到学生是学习的主体，应该开展以学生为中心的教育，注重培养学生的创新能力和实践能力。

第二，教育制度和政策的阻碍。传统的教育制度和政策过于僵化，难以适应新时代的需求。需要教育者与时俱进，积极倡导教育改革，推动教育制度和政策的更新和完善，为教育理念的转变提供制度保障。

第三，来自社会和家长的压力和质疑。在一定程度上传统的教育观念已经深入人心，社会和家长认为传统的教育模式更加稳定和可靠，对于教育理念的转变持保守态度。因此，需要教育者与家长进行沟通和交流，解释教育理念更新的必要性和意义，争取获得他们的理解和支持。

教育者需要克服思想观念的固化，推动制度和政策的变革，同时抗住社会压力与家长进行有效沟通，共同促进教育理念的更新与转变，为培养更加适应新时代要求的优秀人才作出贡献。

（四）教育环境的适应与优化挑战

随着社会的快速发展和变革，高校思想政治教育的环境也发生深刻变化。教育者如何适应这些变化，优化教育环境，使之更有利于中华优秀传统文化的融入和传承，是当前面临的重要任务。

第一，重视网络教育环境的建设和利用。随着互联网的普及和社交媒体的兴起，网络教育环境已成为高校思想政治教育不可忽视的重要领域。教育者可以通过建设在线教育平台、开发教育软件等增强教育的互动性和趣味性的方式，为学生提供更加便捷、灵活的学习渠道，拓展教育空间。还可以利用社交媒体平台开展线上讨论、分享学习资源等活动，促进学生之间的交流和合作，使思想政治教育更加贴近学生的生活和需求。

第二，重视教育环境的人文关怀和建设。教育环境不仅仅是硬件设施的建设，更应关注人文关怀，营造温馨、和谐的学习氛围。教育者可以通过组织文化活动、搭建交流平台等方式，增强师生之间的情感联系，促进师生之间的信任和沟通，从而提升教育的质量和效果。同时重视在校园文化方面的传承和创新，倡导中华优秀传统文化的精神，培养学生的文化自信心和民族自豪感。

第三，关注教育环境的安全与健康。安全和健康的教育环境是教育工作的基础，也是学生学习和成长的重要保障。教育者不仅要加强校园安全管理，完善安全设施和应急预案，确保师生的生命财产安全。还要重视学生的身心健康，建立健全的心理健康教育体系，为学生提供心理咨询和支持服务，帮助他们解决学习和生活中的困扰和问题。

所以，教育者应关注网络教育环境的建设和利用，以及教育环境的人文关怀、安全健康等方方面面，不断改进和完善教育环境，为中华优秀传统文化的融入和传承创造良好条件。

（五）跨文化交流中的挑战

跨文化交流随着全球化的扩大已经成为不可逆转的趋势。在将中华优秀传统文化融入高校思想政治教育的过程中，教育者如何处理好本土文化与外来文化的关系，既保持文化的民族性、本土性，又具有开放性和包容性，是一项重要的挑战。这要求教育者具备跨文化交流的意识和能力，在尊重和理解不同文化的基础上，能够实现文化的有效交流和融合。

首先，要求教育者具备海纳百川的态度。在跨文化交流中，教育者应该尊重和理解不同文化的差异，不以自己的文化为标准评价其他文化，而是以平等、尊重的态度对待不同文化，从而促进文化间的相互理解和融合。

其次，要求教育者具备跨文化沟通的技能和能力。跨文化交流需要教育者具备良好的语言表达能力和沟通技巧，能够有效地与不同文化背景的人进行沟通和交流。为了避免文化冲突和误解，实现文化交流的顺畅和成功，需要教育者了解和熟悉不同文化的习俗、礼仪等。

在将中华优秀传统文化融入高校思想政治教育的过程中，教育者可以借鉴外来文化的优秀经验和成果，吸收其中的精华，与本土文化相结合，创造出符合当代学生需求的教育内容和方式。

教育者应该积极构建跨文化交流的平台和机制，促进跨文化交流与合作。通过开展国际交流项目、组织跨文化交流活动等方式，为学生提供更多接触和了解不同文化的机会，增强学生的跨文化意识和能力。

教育者需要具备开放的心态、跨文化沟通的技能、促进文化融合的意识和能力，以及构建跨文化交流平台和机制的能力才能战胜跨文化交流中遇到的挑战。同时能更好地将中华优秀传统文化融入高校思想政治教育，为培养具有国际视野和跨文化能力的优秀人才作出贡献。

（六）应对多元价值观的挑战

在多元化时代背景下，大学生的价值观呈现出多样性和复杂性的特点。如何将中华优秀传统文化中的核心价值观与大学生的多元价值观相结合，并引导大学生树立正确的世界观、人生观和价值观，是教育者面对的一个重要课题。这要求教育者不仅要具备深厚的传统文化素养，还要具备敏锐的社会洞察力和价值判断能力，能够在多元价值观中找到引导大学生形成积极向上价值观念的共鸣点。

首先，需要教育者深入理解和传承中华优秀传统文化的核心价值观。中华优秀传统文化包含丰富的对于引导大学生树立正确的人生观和价值观具有重要意义的道德、伦理、礼仪等价值观念，如友善、仁爱、诚信、和谐等。因此，需要教育者通过对中华优秀传统文化的精髓深入学习和研究，并将其融入教育实践中去。

其次，需要教育者具备敏锐的社会洞察力，了解大学生的多元化价值观特点和变化趋势。大学生群体的成长环境和社会背景各异，其所受到的影响和接受的价值观念也不尽相同。因此，需要教育者通过与学生的沟通和交流，了解他们的思想动态和价值取向，从而更好地引导他们树立正确的人生观和价值观。

再次，还需要教育者注重价值观在教育实践中的引导和塑造。教育者可以通过课堂教学、校园文化建设、社会实践活动等途径，向学生传递中华优秀传统文化的核心价值观，并引导他们将这些价值观融入自己的生活和学习中去。同时，教育者还应该注重激发学生的思维和创造力，让他们能够在认同价值观的基础上，形成独立、积极、健康的人生追求和价值追求。

最后，需要教育者具备深厚的传统文化素养、敏锐的社会洞察力和价值判断能力，能够在多元价值观中找到共鸣点，引导大学生形成积极向上的人生观和价值观念。这是一项重要且复杂的任务，需要教育者在实践中不断探索和完善，为大学生的成长和发展提供有力的指导和支持。

综上所述，新时代中华优秀传统文化融入高校思想政治教育面临着多方面的时代挑战。这些挑战不仅仅来自教育内容、方式、资源等方面的变革需求，还来自教育理念、环境、跨文化交流等方面的适应与优化需求。因此，为了推动中华优秀传统文化在高校思想政治教育中的有效融入和发展，需要教育者不断更新教育理念、创新教育方式、整合教育资源、优化教育环境、提升跨文化交流能力、引导多元价值观等，以应对这些时代挑战。只有这样，才能真正实现中华优秀传统文化的传承与创新，为培养具有全球视野和国际竞争力的优秀人才贡献力量。

二、中华优秀传统文化融入高校思想政治教育的历史机遇

中华优秀传统文化是中华民族的瑰宝，承载着深厚的历史底蕴和丰富的精神内涵。在新时代背景下，将中华优秀传统文化融入高校思想政治教育，不仅是传承和弘扬中华文化的重要途径，也是提升高校思想政治教育质量、培养担当民族复兴大任时代新人的必然要求。因此，我们要深刻认识到这一历史机遇的重要性和紧迫性，采取有效措施，推动中华优秀传统文化与高校思想政治教育的深度融合。

（一）历史机遇的内涵与特点

1. 文化自信的提升

中华民族的文化自信随着国家综合国力的持续提升和国际地位的日益突出也在逐步增强。这种源于对中华优秀传统文化的重新认知和审视的文化自信提升，为传承和发展中华优秀传统文化提供了坚实的精神支撑。将中华优秀传统文化融入高校思想政治教育，不仅可以激发学生对民族文化的自豪感和认同感，更能够在学生心中树立起深厚的文化自信，使他们更加自信地走向世界舞台。

2. 教育改革的推动

在高等教育改革持续深入的新时代背景下，高校思想政治教育也在不断创新与发展，这为中华优秀传统文化融入高校思想政治教育提供了广阔的空间和契机。推动教育改革创新，可以有效整合中华传统文化资源，创新思政教育教学模式，形成更加富有活力和内涵的中国特色思政教育体系。这种革新不仅有利于学生对传统文化的了解与传承，也为其培养全面发展的人才打下了坚实的基础。

3. 全球化背景下的文化交流

全球化进程的不断加速使得不同文化之间愈发频繁地交流与融合。在这一背景下，中华优秀传统文化走向世界舞台，与其他文化进行深入的交流与融合。这种文化交流不仅展示了中华文化的独特魅力，也增强了其在国际上的影响力和竞争力。全球化背景下的文化交流为高校思想政治教育提供了丰富的教育资源和借鉴经验，能够丰富思政教育的内涵，更能够为学生提供广阔的国际视野和跨文化交流的能力。

（二）历史机遇的利用与策略

1. 加强顶层设计

政府和教育部门应制定相关政策和措施以加强对高校思想政治教育的顶层设计，从而推动中华优秀传统文化与高校思想政治教育的深度融合。这包括为高校提供支持和资源，并明确指导思政教育内容中融入传统文化的要求。与此同时，高校也应根据自身实际情况，制订具体的实施方案和计划，确保政策的落实和执行。

2.创新教学方法

高校思想政治教育可以通过开设相关课程、举办讲座、组织实践活动等方式实现教学方法和手段的创新，将中华优秀传统文化融入课堂教学中。让学生参与具有针对性的教学内容和活动，能够深入了解和体验传统文化的魅力，激发他们的学习兴趣和文化认同感。

3.加强师资队伍建设

加强高校思想政治教育师资队伍建设，首先，要注重教师的选拔和培训。通过严格的选拔程序，确保招聘到具有良好思想政治素养和专业水平的教师。并开展系统的培训，让教师更好地掌握中华优秀传统文化的知识和精神内涵，从而提高他们传授传统文化的能力和水平。

其次，提供持续的学习机会也是至关重要的。通过组织各种形式的学习活动，如讲座、研讨会、培训班等，为教师提供更新知识、提升技能的机会，让他们不断提升自身的文化修养和教育水平。这不仅有助于教师更好地服务于学生的思想政治教育，也有利于教师个人的职业发展。

最后，加强对教师的管理和评价也是必不可少的。建立健全的教师考核机制，对教师的教学水平、思想政治素养等方面进行全面评估，激励优秀教师，引导和帮助其他教师不断提高自身水平，从而提升整个师资队伍的质量和水平。

以上措施可以有效加强高校思想政治教育师资队伍建设，提高教师的专业素养和文化素养，确保他们能够更好地传授中华优秀传统文化，为学生的思想政治教育提供更好的服务。这样的举措将有助于培养更多具有国家责任感和社会责任感的优秀人才，推动中华优秀传统文化的传承和发展。

4.强化实践育人

高等教育的使命之一是培养学生成为具有国际竞争力和国家责任感的人才。实践育人是实现这一目标的重要途径。在当今竞争激烈的社会环境中，传统文化的传承与发展是一项重要任务。因此，高校应当加强对学生的实践教育，让他们在实践中感受中华优秀传统文化的博大精深。

实践活动可以通过多种形式来开展，例如组织学生参加文化传承活动、志愿服务等社会实践活动。通过这些活动，学生可以亲身体验到传统文化的魅力，并深入了解其中蕴含的内涵和价值。在参与志愿服务活动时，学生可以通过与社会各界的交流与互动，进一步了解到传统文化对于社会和个人的积极影响。

高校还可以开设相关课程，如传统文化导论、中国传统文化史等，通过课堂教学和实践结合的方式，引导学生深入学习和理解传统文化的精髓。同时，学校可以鼓励学生参与文化艺术团体或社团组织，提供展示和交流的平台，激发学生对传统文化的兴趣和热爱。

这些实践活动和教育方式，不仅可以增强学生对中华优秀传统文化的认同感和自豪感，还能够更好地传承和发扬这一宝贵的文化遗产。这样的教育模式不仅有助于学生个人的全面发展，也对社会的文明进步和国家的长远发展具有重要意义。

综上所述，新时代背景下，中华优秀传统文化融入高校思想政治教育面临着难得的历史机遇。我们应充分利用这一机遇，推动中华优秀传统文化与高校思想政治教育的深度融合，培养具有坚定文化自信和担当民族复兴大任的时代新人。展望未来，我们还应继续加强研究和探索，不断完善和创新中华优秀传统文化融入高校思想政治教育的路径和方法，为培养更多优秀人才和促进中华文化的传承和发展作出更大的贡献。

第三节　立足思想政治教育阵地，科学制定融入的基本路径

一、中华优秀传统文化融入高校思想政治教育的探索

从全国高校思想政治教育的发展来看，在其中融入中华优秀传统文化，一方面服务于人的根本任务是实现立德树人，另一方面是弘扬中华文化、使之在青年一代中接续传承。将中华优秀传统文化融入高校思想政治教育已经在很多高校的教育实践中进行了有益的探索，北京大学、山东大学、东北师范大学等一批国内知名学府已经率先在实践中取得一定的经验。以新时代的历史方位为原点，在前人的经验基础上对这个问题再次进行梳理和思考，就是力求将这个有意义的实践性课题向前推进一步，为当前高校思想政治教育完成培育时代新人的重要任务提供有价值的参考。

在新时代的大背景下，中华优秀传统文化愈发显现出其不可或缺的重要性，其传承与发展被赋予了更深远的时代意义。作为培育社会未来栋梁的重要阵地，高校在思想政治教育工作中肩负着重大使命。将中华优秀传统文化融入其中，既是为了继承和弘扬中华文化，也是为了更深入地关注教育的核心问题并贯彻党的教育方针。本节将从不同层面深入探讨这一融合的必要性和实施途径。

（一）聚焦教育根本问题，以党的教育方针为根本遵循

为将中华优秀传统文化有效融入高校思政教育之中，首先需要精确地理解其时代价值。近代以来的实践和历史已经充分证明，对传统文化的认知和评价，以及对其价值的分析和定位，都需要科学理论的引导，也需要正确的历史观和文化观的应用。在新时代背景下，要精准把握优秀传统文化的时代价值，须以马克思主义为基石，并以马克思主义中国

化的理论成果为指导。深入研习习近平新时代中国特色社会主义思想，借助其科学观点，客观审视优秀传统文化的历史脉络、时代意义和未来走向，从而更精准地把握其核心价值。

（二）教育根本问题的聚焦

教育的核心是培养德才兼备之才。高校思想政治教育应始终注重品德培养，深入融入中华优秀传统文化于教育各环节，引导学生树立正确的三观。借助优秀传统文化的深厚底蕴，培育学生道德品质，提升人文素养，增强社会责任感，为其全面发展奠定坚实基础。

确立恰当的选择标准是有效融入中华优秀传统文化于思想政治教育的关键所在。在新时代的背景下，高校思想政治教育的核心使命在于立德树人，全面培养学生的综合素质。教育者致力于引导学生深入学习和领悟中华优秀传统文化的精髓，从而帮助他们树立正确的世界观、人生观和价值观，为他们的成长奠定坚实的思想基石。通过这一过程，期望能够培育出既有深厚文化底蕴，又具备现代素养的优秀人才，为社会的繁荣与进步贡献力量。

这些传统文化中的智慧与精髓，如同精神食粮般滋养着学生的心灵，塑造着他们的品格与气质。在中华优秀传统文化的熏陶下，大学生逐渐形成了崇高的道德品质，提升了自身的人文素养，增强了社会责任感。

高校充分利用优秀传统文化的深厚底蕴，进一步培育学生的道德品质，使他们具备高尚的情操和坚定的信念。同时，也致力于提升学生的人文素养，让他们在掌握专业知识的同时，更具备开阔的视野和深厚的人文情怀。这样，学生在未来的发展道路上，不仅能够成为社会的中坚力量，更能够成为具有高度社会责任感和文化自信的公民，为国家和民族的繁荣作出积极贡献。

（三）党的教育方针的遵循

第一，必须坚定不移地确立马克思主义在意识形态领域的指导地位，这也是党的教育方针所明确要求的。在将中华优秀传统文化有机融入高校思想政治教育的过程中，必须始终坚持以马克思主义为引领，科学审视传统文化的历史地位、作用及其影响。通过深入剖析，引导学生正确理解和处理中国传统文化与马克思主义之间的内在联系，确保传统文化在思想政治教育中的正确运用与有效传承。

第二，应大力弘扬社会主义核心价值观，将其作为新时代中国特色社会主义的核心价值导向。在高校思想政治教育中，不仅要深入探索与核心价值观相契合的中华优秀传统文化元素，更要鼓励学生亲身实践，将这些价值观念转化为实际行动。通过这样的方式，可以进一步强化学生的国家认同感、法治意识以及社会责任担当，使他们在成长的过程中能够积极履行公民责任，为社会的和谐发展贡献自己的力量。同时，还应注重培养学生的跨文化交流能力，让他们能够更好地理解和尊重不同文化之间的差异，为构建人类命运共同体作出积极贡献。

第三，在全球化的时代背景下，需要在文化多样性与文化自信之间寻求平衡。在将中华优秀传统文化融入高校思想政治教育的过程中，既要保持开放包容的态度，尊重并借鉴世界各地的优秀文化成果，又要坚守和弘扬中华优秀文化的独特魅力，展现其深厚底蕴和时代价值。这种平衡有助于学生在多元文化的交流融合中树立正确的文化观念，增强他们的文化自觉性和自信心，从而更好地传承和发扬中华优秀传统文化。

（四）实践路径与策略

第一，加强课程体系构建是关键。高校应持续优化思想政治教育课程体系，巧妙地将中华优秀传统文化元素融入"思想道德修养与法律基础""中国近现代史纲要"等相关课程之中。通过不断更新课程内容、探索创新教学方法，能够进一步加深学生对中华优秀传统文化的认知与理解，使他们在学习中不断汲取传统文化的智慧与精髓，为未来的成长与发展奠定坚实基础。

为了更有效地传授传统文化，高校需要不断完善课程体系，并鼓励教师探索创新的教学方式。这不仅有助于学生全面、深入地了解传统文化，还能为他们打下坚实的文化自信基石。

第二，丰富主题活动与实践也很重要。高校可以策划多样化的主题活动和实践活动，例如经典文学作品诵读、传统文化讲座、文化传承主题活动等，从而让学生在亲身参与中领略中华优秀传统文化的独特魅力，进而增强文化自信。

这些活动不仅能够深化学生对传统文化的理解和体验，还能激发他们的热爱和尊重，进一步巩固文化自信。这种自信将成为学生成长道路上的重要支撑，并激励他们为传统文化的传承和弘扬贡献自己的力量。

第三，加强师资培养也不容忽视。高校应重视提升思想政治教育师资队伍的整体素质，通过培训和学习来提高和加强教师的文化素养和教学能力。同时，积极引进具有深厚传统文化背景的专才，以丰富教学资源和内容。

高校可以为教师提供多种学习和进修的机会，如培训班、研讨会等，促进教育理念的更新和教学技能的提升。此外，通过综合评价和激励机制，鼓励教师不断提高自身的教学和研究水平。

第四，校园文化建设具有举足轻重的地位。高校应致力于营造充满传统文化韵味的校园环境，通过文化的浸润与熏陶，让学生在无形中感受中华优秀传统文化的滋养。

在校园内营造浓厚的传统文化氛围，有助于增强学生的文化认同感和自豪感。在这样的环境中，学生将更加自觉地传承和弘扬中华优秀传统文化的核心价值，将其内化于心、外化于行。

（五）结论与展望

在新时代的背景下，将中华优秀传统文化与高校思想政治教育相融合显得尤为关键。这不仅是深化教育改革的重要一环，更是贯彻党的教育方针的必然要求和重要体现。高校应深刻认识这一融合的迫切性和重要性，积极采取措施推动两者的深度融合。展望未来，必将进一步深化研究和创新，不断完善将中华优秀传统文化融入思想政治教育的策略与方法，以期培育更多杰出人才，为中华文化的持续繁荣与发展贡献更为强大的力量。

二、坚守中华文化立场，以"双创"原则为实践指南

在新时代的浪潮中，中华优秀传统文化在高校思想政治教育中的地位日益凸显。这不仅是文化传承与创新的内在呼唤，更是培育具备民族自信和文化自觉的新时代人才的必由之路。因此，坚守中华文化的深厚根基，以"双创"原则——即创造性转化和创新性发展——为实践指南，这已成为高校思想政治教育不可或缺的重要抉择。

（一）坚守中华文化立场的重要性

第一，保障文化安全至关重要。在全球化的大背景下，面对西方文化的强烈冲击，必须坚定中华文化立场，以确保在多元文化交流中能够保持自我并维护国家文化安全。这意味着不能盲目追随外来文化，更不能在文化交流中丧失自我。相反，应该坚守中华文化的独特性和主体性，保持文化自信和定力，以确保中华文化在全球化浪潮中稳固立足。

第二，培养学生的文化自信具有举足轻重的意义。通过深入学习和理解中华优秀传统文化，学生能够树立坚定的文化自信，成为文化的坚定传承者和积极推广者。同时，教师要引导学生深刻认识到传统文化是民族精神的根基，是推动历史不断前进的强大动力。在新时代的背景下，优秀传统文化的时代价值得到了广泛认可，它不仅是推动马克思主义理论创新的重要资源，也是建设中国特色社会主义文化的宝贵财富。

第三，中华优秀传统文化在促进学生全面发展中发挥着不可或缺的作用。其中蕴含的深厚哲学思想能够启迪学生的智慧之光，引导他们深入思考人生与世界的奥秘；道德规范则如同明灯，照亮学生前行的道路，塑造他们成为具备高尚品德和强烈责任感的社会公民；艺术精神则激发学生的创造力，为他们的精神世界注入无尽的活力。这些文化元素共同作用于学生的成长历程，助力他们实现全面而均衡的发展。因此，教师应深入挖掘和研究这些宝贵的文化资源，积极将其融入教育实践中，以提升思想政治教育的育人效果。这不仅有助于培养学生的综合素

质，更为他们的未来发展奠定坚实而深厚的文化基础。

（二）"双创"原则的内涵与实践

第一，创造性转化是关键。这种转化意味着在继承传统文化精髓的基础上，结合当代特色进行创新，使传统文化焕发新生。在高校思想政治教育中，可以引导学生用现代视角重新审视传统，实现其创造性转化。具体来说，运用马克思主义理论对传统文化进行筛选和过滤，去除其封建色彩，保留其精华。同时，还应对传统文化的语言表达和意境进行更新，使其更贴近现代学生的理解方式，加深他们对思想政治教育内容的理解。

第二，创新性发展尤为关键。在坚守中华文化根基的基础上，推动传统文化创新，形成富有时代特色的新文化。在高校思想政治教育中，可通过引入现代科技、创新教学方法等，促进传统文化的创新发展。结合时代背景，寻找传统文化与思想政治教育的契合点，将传统与现代融合，实现传统对现代的观照与现代对传统的反思。这样，传统文化既能保持活力，又能更好融入高校思想政治教育。

第三，创造性转化和创新性发展传统文化，使之更好地融入高校思想政治教育，有助于学生理解并接受思想政治教育内容，同时促进传统文化的传承与发展。

（三）中华优秀传统文化融入高校思想政治教育的路径

第一，为有效融入中华优秀传统文化于高校思想政治教育课程，需整合课程内容。在传授理论知识的同时，强调中华文化元素的融入，使学生深刻体验中华文化的魅力与底蕴。例如，在思想道德修养与法律基础课程中，可以结合中国传统道德观念与法律意识，引导学生思考现代社会中的道德规范和法律问题。通过这样的整合，不仅丰富了课程内容，还能激发学生的学习兴趣，加深他们对中华优秀传统文化的理解和认同。

第二，实践教学活动是促进学生深入了解传统文化的重要途径。可以组织开展以中华优秀传统文化为主题的各类实践教学活动，如文化讲座、艺术展览、传统手工艺制作等。这些活动使学生亲身体验传统文化的魅力，增强对中华文化的认同与自豪。此外，实践教学活动也有助于培养学生的团队协作和实践能力，提升其综合素质。

第三，为了有效传承和创新中华优秀传统文化，加强师资队伍建设显得尤为重要。高校致力于培养一批具备深厚中华文化素养的教师队伍，他们不仅要具备扎实的专业知识，还要能在课堂教学中巧妙融入中华文化元素，引导学生深入领略中华文化的独特魅力。为此，高校将定期组织教师进行培训和学习活动，以提升他们的文化素养和教学水平。同时，积极邀请文化领域的专家和学者来校交流研讨，为教师提供更多学习机会和资源，共同推动教师队伍的成长与发展。

第四，为了深化中华优秀传统文化在高校思想政治教育中的融入，高校需不断探索和创新教育方法和手段。例如，借助现代信息技术手段，高校可以开发在线教育资源和平台，为学生提供更加便捷、高效的学习途径。此外，加强与校外文化机构的合作与交流也至关重要，通过共同举办文化活动、开展学术研究等方式，推动中华优秀传统文化的传承和发展，形成校内外合力，共同助力学生全面成长。

（四）面临的挑战与对策

第一，面对的挑战。受西方文化冲击，部分学生对中华优秀传统文化兴趣不足或认同感不强。此外，高校在思政教育中对传统文化的传承存在短板，如课程缺乏多样性、教学方法守旧。

第二，提出的对策。为应对上述挑战，高校可深化对中华优秀传统文化的宣传，提升学生的文化自信。同时，探索新颖的教学方式，如融入互动式学习、案例分析等，以激发学生的学习热情。此外，加强与多学科的合作与交流，形成合力，共同推进传统文化的传承与创新。高校还应开展实践活动，如文化体验、传统技艺学习等，让学生在亲身参与中感受中华文化的魅力。

（五）结论

在新时代背景下，高校思想政治教育必须坚守优秀中华文化立场，并以"双创"原则为指导实践。这样，可以将中华优秀传统文化巧妙地融入高校思想政治教育中，进而培育出具备民族自信和文化自觉的新时代人才。然而，高校也应勇敢地面对各种挑战，并采取相应的有效措施，以促进中华优秀传统文化在我国高校思想政治教育中的不断传承与创新。

三、立足思想政治教育阵地，科学制定融入的基本路径

在新时代背景下，将中华优秀传统文化融入高校思想政治教育显得尤为迫切和重要。这一举措不仅影响中华文化的传承与发展，更对培养具备高尚品德和深厚文化底蕴的新时代人才至关重要。因此，从思想政治教育的角度出发，科学规划融入策略，对于促进中华优秀传统文化在高校思想政治教育中的相辅相成具有重大意义。

（一）思想政治阵地的重要性

第一，思政课程是高校思想政治教育的主导，通过此渠道，可引导学生形成正确的三观，增强对中华优秀传统文化的认同与自豪。

第二，思政课程还肩负着中华优秀传统文化传承的重任。通过深入探索和解读传统文化中的思想核心与道德规范，有助于培育学生的文化自觉与自信。

第三，通过思政课程的平台，还可以策划并实施多样化的实践活动，使学生在亲身体验中领略传统文化的独特魅力，达到知识与行动的统一。

（二）科学制定融入的基本路径

第一，需要对思政课程体系进行系统的规划，有机地结合中华优秀传统文化的内容，以确保传统文化元素能够融入思政课程的每一个环节中，从而构建一个完备的教学框架。

第二，为了提升教学效果，应尝试多样化的教学方法，例如通过案例分析、情景模拟或多媒体展示来激发学生的学习热情。同时，也可

以运用在线教育、虚拟现实等现代科技，为传统文化的教学带来新的体验。

第三，实践教学的重要性不容忽视。可以通过组织各类文化体验活动、社会实践，让学生更加深入地了解传统文化的魅力，并增强其实践能力。此外，鼓励学生积极参与传统文化的研究、传承与创新，以培养其创新意识和实践能力。

第四，对于师资的培养加强也是关键。需要打造一支对中华文化有深厚了解的思政教师队伍，并不断提升他们的教学与研究能力。同时，也应注重与其他学科的交流与合作，共同推动中华文化的传承与创新。

第五，为了确保融入工作的有效性和持续性，高校还应建立一套科学的评估与反馈机制。这包括对融入效果的定期评估，以及根据学生的反馈教学数据，制订方案对教学策略进行及时的调整。

（三）面临的挑战与对策

第一，挑战。融入中华优秀传统文化到思想政治教育中确实面临诸多挑战。如教学资源可能不足，教学方法或许显得陈旧，学生的兴趣也可能不高。同时，鉴于中华文化的深厚底蕴，如何精准选择融入的内容并确保教学效果，也是教育者需要面对的问题。

第二，对策。为了应对这些挑战，可以采取以下策略：一是加大教学资源投入，优化教学设施和材料；二是创新教学方法，运用现代科技增强教学效果；三是加强师资队伍建设，通过培训与实践提升教师素质与技巧；四是精心挑选融入的传统文化内容，确保其与思政课程的理论体系完美结合；五是增强与学生的交流和互动，及时了解他们的需求和反馈，从而灵活调整教学方法和策略。

（四）结论

在融入经过精心选择的优秀传统文化之前，需要根据融入的对象进行相应的转化，以满足思想政治教育中不同层次和情境的需求。例如，在思政课程教学中，我们应强调理论性、启发性和反思性，确保与课程内容紧密相连。在专业课程中，我们应更加注重将优秀传统文化的价值观与专业知识相结合，实现内容与价值的无缝衔接，确保教学的针对性、灵活性和可借鉴性。在日常的思想政治教育活动中，我们应注重将优秀传统文化与具体生活情境相结合，以增强其吸引力、影响力和感染力。

中华优秀传统文化历经五千多年，内涵丰富、思想深邃，其思想精髓、核心价值观及理想追求在古代阶级社会中实际上发挥着思想政治教育的功能。换言之，古代的思想政治教育体系深深植根于博大精深的中华文化传统之中。新时代背景下，将优秀传统文化融入高校思想政治教育，需怀敬畏尊重之心，辩证看待其与马克思主义、社会主义先进文化的关系。应实事求是、科学客观地进行融入工作，使优秀传统文化成为立德树人的重要支撑，推动高校思政教育创新，提升人才培养质量。

在新时代背景下，为有效将中华优秀传统文化融入高校思想政治教育之中，必须科学规划并实施融入策略。这需要教育者立足思政课程和渠道，确立清晰的融入思路。为此，教育者可以采取一系列措施：系统地规划课程体系以确保传统文化的有机融入，创新教学方法以提升学生的学习兴趣，并且加强学生的实践教学以深化学生对中国传统文化的理解，建设具备深厚文化素养的师资队伍，以及建立科学的评估与反馈机制来不断优化融入效果。通过这些努力，期望能够培养出品德高尚、文化涵养深厚的新时代青年。同时，也要勇敢面对并克服融入过程中可能遇到的挑战，采取相应对策，确保融入工作的顺利推进并取得实际效果。

中华优秀传统文化融入高校思想政治教育的路径

第一节　立足内在规律，把握实践创新的基本原则

一、传承性与创新性相统一

传承性与创新性相统一是中华优秀传统文化融入高校思想政治教育的实践创新路径。

中华优秀传统文化是中华民族在历史长河中创造的宝贵财富，它不仅在世界文化史上留下了深刻的印记，而且在历史的变迁中保持了文化的连续性。将这些传统文化融入高校思想政治教育，是为了让新时代的青年继承和发扬这份文化遗产，从而在他们心中树立起文化自信的基石。然而，继承传统文化并非盲目接受，而是要有选择地吸收、有选择地摒弃、有选择地创新。这种批判性和创新性的态度，既源自传统文化中提倡的自我更新的精神，也得益于马克思主义在中国革命、建设和改革实践中形成的理论自觉和实践经验。正是在马克思主义的指导下，中国共产党在传承传统文化的过程中，摒弃了过去自我封闭和保守的倾向，以坚定的理论自信和革命精神，摆脱了历史包袱，以开放包容和创新发展的姿态，为民族复兴和国家繁荣开辟了新的道路。

（一）传承性与创新性相统一的原则内涵

在探讨中华优秀传统文化融入高校思想政治教育的路径时，首先要明确传承性与创新性相统一这一基本原则的内涵。传承性指的是要深入挖掘和继承中华优秀传统文化的核心价值，确保这些宝贵的文化财富得

以延续；而创新性则强调在传承的基础上，结合时代特点和教育需求，对传统文化进行创造性的转化和发展。

这一原则要求高校思想政治教育中，既要尊重历史的连续性，保持文化的根脉，又要敢于突破传统的束缚，赋予传统文化新的时代内涵。总之，就是要求当今的思想政治教育要在进行优秀传统教育的过程中将传承与创新辩证地加以把握，传承是创新的基本前提，创新是传承的必要条件；传承是创新引导下的传承，创新是传承基础上的创新。这种传承与创新并重的理念，并非自相矛盾，实际上是推动中华优秀传统文化与高校思想政治教育相融合的关键所在。

（二）传承性与创新性相统一的原则意义

第一，保持文化的连续性和稳定性。通过传承，能够确保中华优秀传统文化的核心价值和精神内涵得以延续，这对于维护国家文化安全、增强民族认同感和凝聚力具有重要意义。

第二，促进文化的创新和发展。在传承的基础上进行创新，可以使传统文化焕发出新的生机和活力，更好地适应现代社会的发展需求。这种创新不仅是对传统文化的尊重，更是对其的发扬光大。

第三，提升高校思想政治教育的质量和效果。将传承性与创新性相统一的原则应用于高校思想政治教育，可以使教育内容更加丰富多样、贴近实际，提高教育的吸引力和感染力，从而提升思想政治教育的质量和效果。

（三）传承性与创新性相统一的实践路径

要实现传承性与创新性的相统一，需要在多个领域和层面进行实践路径的探索和实施。以下是一些具体的实践路径：

第一，深入挖掘中华优秀传统文化的核心价值。高校应组织专家学者对中华优秀传统文化进行深入研究，挖掘其核心价值和精神内涵，为思想政治教育的开展提供丰富的文化资源。

第二，创新教育内容和方法。结合时代特点和学生实际，对传统文化教育内容进行创新性转化和发展，同时采用灵活多样的教学方法和手段，激发学生的学习兴趣和主动性。

第三，加强师资队伍建设。培养一支既具备传统文化素养又具有创新精神的教师队伍，是实现传承性与创新性相统一的关键。高校应加强对教师的培训和引导，提高他们的专业素养和教育创新能力。

第四，建立文化传承与创新的机制。高校应建立健全文化传承与创新的机制，如设立相关课程、开展文化实践活动、建立文化传承与创新的研究机构等，为传承性与创新性相统一提供制度保障。

（四）传承性与创新性相统一的挑战与对策

在实践中，实现传承性与创新性相统一面临着诸多挑战，如传统文化与现代教育的融合问题、教育内容与方法的创新问题、师资力量的不足等。针对这些挑战，我们应采取以下对策：

首先，应该加强理论与实践的结合。在深入研究传统文化的基础上，结合现代教育理论和实践经验，探索传统文化与现代教育的融合之道。

其次，是鼓励教师创新。为教师提供足够的创新空间和支持，鼓励他们在教学内容和方法上进行探索和实践。

最后，是加强国际交流与合作。借鉴国外成功经验，加强与国际高校和研究机构的交流与合作，共同推动传统文化的传承与创新。

总之，传承性与创新性相统一是实现中华优秀传统文化融入高校思想政治教育的核心原则。传承性与创新性相统一的意义在于它能够确保文化在保持其核心价值和精神的同时，适应时代的变化和发展，从而实现文化的持续繁荣和进步。传承性确保了文化的核心价值和传统得以保留和传递，为文化的发展提供了连续性和稳定性。创新性使文化能够适应新的社会环境、技术进步和全球化的挑战。这种统一有助于确保文化的可持续性。通过创新，文化可以解决传统可能带来的问题，如环境破坏、社会不平等和文化同质化等，从而可以实现文化的长期繁荣，并且文化也能够以新的形式和内容与现代社会对话，满足当代人的需求。通过深入挖掘传统文化的核心价值、创新教育内容和方法、加强师资队伍建设以及建立文化传承与创新的机制等措施，可以推动中华优秀传统文化与高校思想政治教育的深度融合，培养出既具有传统文化底蕴又具有创新精神的新时代人才。这不仅对传承和发扬中华优秀传统文化具有重要意义，也对提高高校思想政治教育的质量、培养具有国际视野的优秀人才具有深远影响。

二、理论性与实践性相统一

理论性与实践性相统一是中华优秀传统文化融入高校思想政治教育的实践路径。

在探讨中华优秀传统文化融入高校思想政治教育的路径时，理论性与实践性的相统一显得尤为关键。这一原则不仅体现了教育活动的本质要求，也是确保传统文化教育落地生根、发挥实效的重要保障。

马克思主义的科学理论需要与中国具体实际相结合，才能产生深刻的思想影响，实现理论的创新和发展，并将理论转化为推动社会进步的实际力量。这一过程的历史经验表明，实践是理论的来源，是推动理论发展的根本动力，也是检验真理正确与否的唯一标准。简而言之，理论与实践的结合是马克思主义在中国取得成功的关键。将中华优秀传统文化融入高校思想政治教育，不仅是马克思主义中国化和传统文化观理论发展的自然延伸，也是中国特色社会主义文化不断进步的迫切需求，同时也是提高高校人才培养水平的必要条件。中华传统文化是中华民族几千年文明的结晶，它拥有自己独特的理论体系和深厚的实践基础。为了有效地将传统文化融入思想政治教育，需要以马克思主义为指导，挑选那些符合时代要求和大学生成长需求的传统文化元素。同时，还应该从实践出发，坚持文化传承的核心精神，即通过文化来引导人、塑造人、教育人，以此来发挥文化在引领社会进步中的积极作用。

（一）理论性的坚守与深化

中华优秀传统文化是中华民族的精神基因，蕴含着丰富的哲学思想、道德规范、审美追求和人文情怀。在高校思想政治教育中融入传统文化，首先要求教育者具备深厚的传统文化理论素养。这包括对经典文献的熟悉、对传统文化核心价值观的理解、对中华文明发展历程的把握等。教师要通过系统的教学和学术研究，将这些理论知识内化于心、外化于行，从而为学生提供准确、全面的传统文化知识。

同时，理论性的坚守也要求教师在教学过程中注重知识的系统性和逻辑性。在传授传统文化知识时，不仅要注重知识点的灌输，更要注重知识体系的建构和思维方法的训练。通过引导学生分析、比较、归纳、演绎，培养他们的逻辑思维能力和抽象思维能力，使他们在掌握传统文化知识的同时，也具备独立思考和解决问题的能力。

（二）实践性的强化与拓展

实践性是思想政治教育的重要特征，也是中华优秀传统文化教育的重要原则。将传统文化融入高校思想政治教育，必须注重实践性的强化和拓展。这包括以下几个方面：

首先，课堂实践。教育者可以通过组织课堂讨论、角色扮演、情境模拟等形式，让学生在实践中体验传统文化的魅力，加深对传统文化的理解和认同。同时，还可以通过布置课外阅读、撰写研究报告等方式，引导学生自主学习、自主探究，培养他们的自主学习能力和创新精神。

其次，校园文化活动。高校可以通过举办传统文化讲座、展览、演出等活动，营造浓厚的传统文化氛围，让学生在潜移默化中受到熏陶和感染。此外，还可以组织传统文化社团、兴趣小组等，为学生提供更多参与传统文化实践的平台和机会。

最后，社会实践。高校可以与企业、社区等合作，开展传统文化主题的社会实践活动，如文化遗产保护、传统文化传播等。通过参与这些活动，学生可以将所学理论知识应用于实际，增强他们的社会责任感和使命感。

（三）理论性与实践性的融合

正是理论与实践的辩证运动，不断推进着人类认识的飞跃，也成为中华民族发展的根本动力。理论性与实践性的融合是中华优秀传统文化融入高校思想政治教育的核心要求。这要求教育者在教学过程中既注重理论知识的传授，又注重实践能力的培养；既注重传统文化的传承，又注重传统文化的创新。换句话说，这种互动是实现传统文化与现代教育相结合的重要途径，它有助于将传统文化的精髓转化为教育实践中的具体行动，从而在培养新时代青年的过程中发挥重要作用。

具体而言，教师可以通过以下几个方面实现理论性与实践性的融合：

第一，关于教学内容的整合。教师可以将传统文化知识与现实生活相结合，通过案例分析、问题探讨等方式，引导学生运用传统文化知识分析解决实际问题。这样既能增强学生对传统文化的兴趣，又能提升他们的实践能力。

第二，关于教学方法的创新。教师可以采用多种教学方法相结合的方式，如线上线下相结合、理论教学与实践教学相结合等，以激发学生的学习兴趣和积极性。同时，还可以引入现代教育技术手段，如多媒体教学、网络教学等，提高教学效果和质量。

第三，关于评价体系的完善。教师应建立科学合理的评价体系，将学生的理论知识掌握情况和实践能力表现纳入评价范围。通过评价结果的反馈和指导，帮助学生发现自己的不足和优势，促进他们的全面发展。

总之，理论性与实践性的相统一是中华优秀传统文化融入高校思想政治教育的重要原则。理论性与实践性统一是社会进步的动力。通过将理论应用于实践，可以推动技术革新、社会改革和文化发展，从而促进社会的整体进步。理论和实践的统一鼓励创新思维。在实践中遇到的问题可以激发新的理论探索，而理论的发展又可以指导实践中的创新尝试。理论性与实践性统一提高了教育的实效性。学生不仅学习理论知识，还通过实践活动将知识应用于实际情境中，从而更好地准备未来的职业生涯。理论性与实践性统一推动了理论与实践的共同进步，激发了持续的发展动力和创新活力，为中华优秀传统文化的传承、转化和发展开辟了广阔的空间和全新的领域。通过坚守和深化理论性、强化和拓展实践性、实现两者的融合创新，可以推动传统文化教育在高校思想政治教育中的深入开展，为培养具有深厚文化底蕴和高度社会责任感的新时代青年贡献力量。

三、显性融入与隐性融入相统一

显性融入与隐性融入相统一是中华优秀传统文化在高校思想政治教育中的实践创新。

在探讨中华优秀传统文化融入高校思想政治教育的路径时，显性融入与隐性融入相统一的原则显得至关重要。这一原则不仅体现了教育方法的多样性和灵活性，也是实现传统文化教育目标的重要保障。

中华优秀传统文化融入思想政治教育，旨在增强教育的实效性，并培养符合时代要求的新人。在这一过程中，必须采取多样化的融入策略，并充分考虑大学生的接受能力。

（一）显性融入的实践与应用

显性融入是指在教学过程中直接、明确地传授中华优秀传统文化的内容，使学生明确认识到传统文化的价值和意义。一般来讲，显性融入的实践就是显性教育。目前，高校在显性融入的实践与应用主要包括以下几个方面：

首先，课程设置与教材编写。高校可以在思想政治教育的相关课程中设置专门的章节或模块，介绍中华优秀传统文化的核心内容、历史渊源、精神内涵等。同时，可以编写具有针对性的教材，将传统文化知识与思想政治教育内容相结合，形成系统的教学体系。

其次，课堂教学与实践活动。在课堂上，教师可以通过讲解、讨论、案例分析等方式，直接传授中华优秀传统文化的知识。此外，还可以组织相关的实践活动，如传统文化知识竞赛、文化体验活动等，让学生在亲身参与中感受传统文化的魅力。

最后，校园文化与环境建设。高校可以在校园内设置传统文化展示区、文化墙等，展示中华优秀传统文化的相关内容。同时，可以通过举办传统文化节、文艺演出等活动，营造浓厚的传统文化氛围，让学生在耳濡目染中提高文化素养。

这些方法可以进一步提升教育效果，明确教育的计划的目的。

（二）隐性融入的策略与实施

隐性融入则是指在教学过程中潜移默化地渗透中华优秀传统文化的元素，使学生在不知不觉中受到传统文化的影响和熏陶，因此这种隐性的融入不会让学生产出抵触心理，相对于显性融入更加让学生放松心态，往往会产生更加显著的效果。隐性融入的策略与实施主要包括以下几个方面：

第一，教师示范与引领。教师作为学生学习的引路人，其言行举止对学生具有深远的影响。因此，教师应该自觉传承和弘扬中华优秀传统文化，通过自身的行为示范和价值引领，潜移默化地影响学生。

第二，跨学科融合。高校可以在其他非思想政治教育的课程中融入传统文化的元素，如在历史、文学、艺术等课程中介绍传统文化相关知识。通过跨学科融合的方式，让学生在学习专业知识的同时，也能感受到传统文化的魅力。

第三，学生自治与社团活动。高校可以鼓励学生自发组织传统文化相关的社团或兴趣小组，开展各类传统文化活动。通过学生自治的方式，让学生在参与活动的过程中自主体验和学习传统文化。

（三）显性融入与隐性融入的互补与融合

显性融入通过课程、讲座等形式直接传授传统文化知识，面对时代的进步，当代青年需要更现代化的教育，因此显性融入对学生已经没有足够的吸引力。而隐性融入则通过校园文化、社会实践等途径间接影响学生，需要长时间去渗透，需要高校老师投入更多的精力，往往不能够快速达到教育目的。因此，在中华优秀传统文化融入高校思想政治教育过程中应当将显性与隐性两种融入思路统一起来，实现两者的优势互补。虽然显性融入与隐性融入在实施方式上有所不同，但二者在实际应用中是相互补充、相互促进的。显性融入应进一步提升课堂等正面教育的效果，给学生提供了系统、全面的传统文化知识，以便为隐性融入提供基础和支持；而隐性融入应在过程中不断地丰富教育方式，通过潜移默化的方式，增强学生对传统文化的认同感和情感联系，为显性融入提供了动力和保障。因此，为了实现显性融入与隐性融入的互补与融合，高校可以采取以下措施：

第一，整合教学资源与力量。高校可以整合校内外的传统文化教学资源，形成合力。同时，可以加强教师之间的合作与交流，共同研究传统文化教育的方法和策略。

第二，创新教学方法与手段。高校可以探索运用现代教育技术手段，如多媒体教学、网络教学等，创新传统文化的教学方法与手段。通过生动有趣的教学方式，激发学生的学习兴趣和积极性。

第三，建立评价与反馈机制。高校可以建立科学合理的评价与反馈机制，对传统文化教育的效果进行评估和反思。通过评价结果的反馈和指导，不断完善和优化传统文化教育的方法和策略。

总之，显性融入与隐性融入相统一是中华优秀传统文化融入高校思想政治教育的重要原则。显性融入与隐性融入的统一有助于提高教育效果，使学生不仅能够学习到传统文化的知识，还能够将这些知识转化为自己的行为习惯和思维方式，从而实现教育目标。显性融入可以根据教育目标和学生需求灵活调整教学内容和方法，强调传统文化的传承，而隐性融入能够适应学生在不同环境和情境中的学习需求，使传统文化教育更加贴近学生的生活实际，鼓励学生在传统文化的基础上进行创新和实践，这种结合有助于传统文化的创新发展。通过显性融入为学生提供系统全面的传统文化知识，通过隐性融入增强学生对传统文化的认同感和情感联系，共同推动传统文化教育在高校思想政治教育中的深入开展。这不仅有助于培养学生的文化自信和人文素养，也有助于为中华民族的伟大复兴贡献智慧和力量。

第二节　围绕高校思想政治工作体系创新融入路径

一、融入理论武装，夯实大学生思想成长成熟的文化基石

在新时代背景下，高等教育肩负着培养德智体美劳全面发展的社会主义建设者和接班人的重要使命。其中，思想政治教育作为高等教育的核心组成部分，对于大学生的成长成才具有举足轻重的意义。理论武装作为思想政治教育的关键环节，其重要性不言而喻。而中华优秀传统文化作为中华民族的根与魂，为大学生的理论武装提供了丰富的思想资源和文化底蕴。因此，将中华优秀传统文化融入高校思想政治教育工作体系，对于夯实大学生思想成长成熟的文化基石具有深远的意义。

（一）理论武装的重要性

理论武装是大学生思想政治教育的核心内容，它不仅关系到学生对马克思主义理论的掌握程度，更直接关系到学生世界观、人生观、价值观的形成。在信息化、全球化的今天，大学生面临着多元文化的冲击和各种思潮的影响，如何引导他们坚定理想信念，树立正确的价值观念，成为高校思想政治教育工作的重要任务。

中华优秀传统文化蕴含着丰富的哲学思想、道德观念和人文精神，为大学生的理论武装提供了宝贵的思想资源。通过深入学习中华优秀传统文化，大学生可以更好地理解中国特色社会主义理论体系的深厚历史渊源和现实基础，增强对党和国家的认同感，坚定理想信念。同时，中华优秀传统文化中的道德观念和人文精神也有助于培养大学生的道德品质和社会责任感，促进他们全面发展。

（二）中华优秀传统文化的独特价值

中华优秀传统文化是中华民族几千年文明史的结晶，具有深厚的历

史底蕴和独特的价值魅力。它强调仁爱、礼义、忠诚等价值观念，注重个人修养和社会和谐，对于大学生的思想成长具有积极的促进作用。在大学生的思想成长过程中，中华优秀传统文化的独特价值体现在多个方面。首先，它有助于培养大学生的爱国情怀和民族精神。通过学习和传承中华优秀传统文化，大学生可以更加深刻地理解中华民族的伟大历史和文化传统，增强民族自豪感和归属感。其次，它有助于塑造大学生的道德品格。中华优秀传统文化中的道德观念和行为规范对于引导大学生树立正确的道德观念、培养良好的行为习惯具有重要意义。此外，它还有助于提升大学生的人文素养和审美能力。通过学习和欣赏中华优秀传统文化中的诗词歌赋、书画艺术等，大学生可以提升自己的文化素养和审美水平，培养高雅的情趣和品位。

（三）创新融入路径的探索

为了更好地将中华优秀传统文化融入大学生的理论武装中，需要不断探索和创新融入路径。具体而言，可以从以下几个方面入手：

首先，创新教学方法和手段。在思想政治理论课程中，可以采用案例教学、情境模拟等互动式教学方法，让学生在参与中感受传统文化的魅力。同时，可以运用现代信息技术手段，如多媒体教学、网络课程等，将传统文化元素以更加生动、形象的方式呈现给学生。其次，拓展课程内容体系。除了传统的思想政治理论课程外，可以开设专门的中华优秀传统文化课程，让学生系统学习传统文化的精髓和内涵。还可以将传统文化元素融入其他相关课程中，如历史、文学、艺术等，形成跨学科的文化教育格局。再次，加强实践教学环节。组织学生参与传统文化实践活动，如参观博物馆、文化遗址等，让学生在亲身体验中感受传统文化的魅力。同时，可以开展传统文化主题的社会实践活动，如志愿服务、文化交流等，让学生在实践中践行传统文化精神。最后，构建校园文化氛围。在校园文化建设中融入传统文化元素，如举办传统文化讲座、文艺演出等活动，营造浓厚的文化氛围。同时，可以加强校园媒体对传统文化的宣传力度，提高学生对传统文化的关注度和认同感。

（四）面临的挑战与对策

在将中华优秀传统文化融入大学生理论武装的过程中，我们也面临着一些挑战。例如，部分学生可能对传统文化缺乏兴趣，认为其与现代生活脱节。其次，部分教师对传统文化的理解不够深入，难以将其有效地融入教学中；现有的教学资源和手段可能不足以满足传统文化教学的需求。针对这些挑战，可以采取以下对策。首先，加强传统文化的宣传教育，提高学生对传统文化的认识和理解。可以通过举办讲座、展览等活动，让学生亲身感受传统文化的魅力。其次，提升教师的传统文化素养和教学能力。可以组织教师进行传统文化培训和学习，帮助他们深入理解传统文化的内涵和价值。最后，积极开发和创新传统文化教学资源和手段。可以利用现代信息技术手段，如多媒体教学、网络课程等，将传统文化以更加生动、形象的方式呈现给学生。

综上所述，将中华优秀传统文化融入大学生的理论武装中，对于夯实他们思想成长成熟的文化基石具有重要意义。高校应该不断创新融入路径和教学方法，提高学生对传统文化的认同感和践行力，培养出更多具有深厚文化底蕴和坚定理想信念的社会主义建设者和接班人。同时，也需要正视面临的挑战，并采取有效的对策加以解决，为大学生的全面发展创造更加良好的条件和环境。

二、融入学科教学，促进价值引领、知识传授、能力培养相统一

在高等教育体系中，学科教学不仅是学生获取专业知识的主要途径，更是塑造学生品格、培养学生能力的重要载体。在新时代背景下，高等教育面临着培养具备创新精神和实践能力人才的重要使命，这就要求教育者将价值引领、知识传授和能力培养紧密结合，形成有机统一的教学体系。

（一）价值引领的重要性

价值引领是高等教育教学的灵魂和核心。在学科教学中，价值引领不仅关乎学生的道德情操和人格养成，更关乎国家的未来发展和社会的进步。通过学科教学，教师要引导学生树立正确的世界观、人生观和价值观，培养他们的社会责任感和历史使命感，使他们成为具备高尚品德和坚定信仰的社会主义建设者和接班人。在学科教学中融入价值引领，需要深入挖掘学科内涵，提炼学科精神，将学科知识与价值引领有机结合。例如，在自然科学类学科中，教师可以引导学生探索自然奥秘，培养他们的科学精神和创新精神；在人文社科类学科中，教师可以引导学生关注社会现实，培养他们的历史责任感和人文关怀精神。同时，还要注重培养学生的批判性思维，引导他们独立思考、勇于质疑，形成自己的价值判断。

（二）知识传授与能力培养的关联

知识传授是学科教学的基本任务，而能力培养则是学科教学的最终目标。在学科教学中，我们不能仅仅满足于向学生灌输知识，更要注重培养学生的综合能力，包括思维能力、创新能力、实践能力等。

首先，知识传授是能力培养的基础。学生只有掌握了扎实的基础知识，才能更好地理解和应用新知识，进而形成自己的知识体系。因此，在学科教学中要注重基础知识的传授，确保学生掌握必要的学科知识和技能。其次，能力培养是知识传授的延伸和拓展。通过培养学生的综合能力，可以帮助他们更好地运用所学知识解决实际问题，提高他们的综合素质和竞争力。在学科教学中，可以通过设计富有挑战性的学习任务和实践项目，引导学生主动探究、积极实践，培养他们的创新思维和实践能力。最后，知识传授与能力培养相互促进、相互依存。在学科教学中，要注重二者的有机结合，既要传授知识又要培养能力，让学生在掌握知识的同时提高能力水平。

（三）融入学科教学的策略与方法

为了实现价值引领、知识传授和能力培养的统一，需要采取一系列的策略和具体实践措施。

首先，要深入挖掘学科教学中的价值元素，将其融入课程设计和教学环节中。这要求教师对所教课程有深入的理解和把握，能够提炼出课程中的价值点，并将其与学科知识相结合，使学生在学习过程中不仅能够获得知识，更能够受到价值的熏陶和引领。

其次，要创新教学方法和手段，以激发学生的学习兴趣和主动性。例如，可以采用案例教学、问题导入、小组讨论等教学方法，引导学生积极参与课堂互动，培养他们分析问题和解决问题的能力。同时，还可以利用现代信息技术手段，如多媒体教学、在线课程等，丰富教学手段和资源，提高教学效果。此外，还要加强实践教学环节，提高学生的实践能力和创新精神。实践教学是学科教学中不可或缺的一部分，它能够让学生将所学知识应用到实际情境中，提高他们的动手能力和解决问题的能力。因此，要注重实验、实训、实习等实践教学环节的设计和实施，确保学生能够在实践中得到充分的锻炼和提高。

最后，构建多元化的评价体系也是促进价值引领、知识传授和能力培养相统一的重要手段。传统的单一评价方式往往难以全面反映学生的能力和素质，因此我们需要建立包括课堂表现、作业完成、实践活动、期末考试等多个方面的多元化评价体系。这样不仅能够更全面地评价学生的学习成果和能力水平，还能够激发学生的学习积极性和创新精神。

（四）面临的挑战与对策

尽管融入学科教学促进价值引领、知识传授、能力培养相统一具有重要意义，但在实际操作过程中也面临着一些挑战。

首先，不同学科之间的差异使得统一教学策略的实施存在困难。不同学科具有不同的特点和要求，需要采用不同的教学方法和手段。因此，在制定教学策略时，需要充分考虑学科间的差异，确保策略的针对性和有效性。其次，教师的能力水平也是影响统一教学体系构建的关键因素。教师的教育教学能力、专业素养以及价值引领意识等都会直接影响到学科教学的效果。因此，需要加强对教师的培训和引导，提高他们的教育教学能力和专业素养，确保他们能够更好地融入价值引领和能力培养的教学理念和方法。

针对这些挑战，可以采取以下应对策略：一是加强学科间的交流与合作，推动不同学科之间的融合与发展，形成相互促进的良好局面；二是加强教师队伍建设，提高教师的教育教学能力和专业素养，培养一支具备高度责任感和使命感的教师队伍；三是不断完善教学评价体系，建立科学、合理、全面的评价标准和方法，确保评价结果的客观性和公正性。

综上所述，融入学科教学促进价值引领、知识传授、能力培养相统一是高等教育教学改革的重要方向。通过深入挖掘学科教学中的价值元素、创新教学方法和手段、加强实践教学环节以及构建多元化的评价体系等措施，可以实现这三者的有机统一，为培养德智体美劳全面发展的社会主义建设者和接班人作出积极贡献。同时，我们也需要不断面对和解决挑战，不断完善和改进教学策略和方法，以适应时代的发展和社会的需求。

三、融入日常教育，丰富对中华优秀传统文化的体验与实践

中华优秀传统文化，源远流长，博大精深，是中华民族生生不息、发展壮大的丰厚滋养。在新时代背景下，将中华优秀传统文化融入日常教育，不仅是对传统文化的传承与弘扬，更是对大学生精神世界的丰富与提升。通过融入日常教育，可以让学生在亲身体验与实践中，深刻感受中华优秀传统文化的魅力，从而增强文化自信，提升个人素养。

（一）在日常课程中增加中华优秀传统文化内容

在日常教育过程中，可以通过多种途径将中华优秀传统文化融入各类课程。在思想政治理论课上，可以结合课程内容，穿插讲解传统文化中的道德观念、价值理念，引导学生树立正确的世界观、人生观和价值观。在人文社科类课程中，可以开设专门的传统文化课程，如中国文化

概论、中国经典名著导读等，系统介绍传统文化的历史渊源、思想精髓和艺术成就。此外，还可以在专业课程中适当融入传统文化元素，使传统文化与专业知识相互融合，相得益彰。

（二）开展形式多样的中华优秀传统文化实践活动

除了课堂教学外，还应注重开展形式多样的实践活动，让学生在亲身参与中感受传统文化的魅力。可以组织学生参观博物馆、历史遗迹等文化场所，让他们通过实地观察、亲身体验，了解传统文化的历史背景和现实意义。同时，还可以开展传统文化主题的社团活动、讲座、演出等，让学生在参与中加深对传统文化的理解和认同。此外，结合传统节日、纪念日等时机，开展相关的文化活动，如书法比赛、诗词朗诵、传统手工艺制作等，让学生在实践中体验传统文化的独特魅力。

（三）利用现代科技手段创新传统文化教育方式

随着现代科技的快速发展，可以利用科技手段创新传统文化教育方式，提高教育效果。可以运用多媒体技术制作传统文化教学课件，通过图像、音频、视频等多种形式展示传统文化的魅力。同时，利用网络平台开展在线教学，让学生可以随时随地学习传统文化知识。此外，还可以利用社交媒体等平台开展传统文化宣传和交流活动，拓宽学生的文化视野和交流渠道。

（四）加强师资队伍建设提高传统文化教育水平

教师是传承和弘扬中华优秀传统文化的关键力量，因此，需要加强师资队伍建设，提升教师的传统文化素养和教育能力。可以定期举办传统文化培训班、研讨会等活动，提高教师对传统文化的认识和理解。同时，鼓励教师积极参与传统文化研究和实践活动，将研究成果转化为教学资源，丰富教学内容和形式。此外，还可以引进具有传统文化背景的专业人才，充实师资队伍，提升整体教育水平。

（五）建立科学评价机制促进传统文化教育发展

为了保障传统文化教育的有效实施和持续发展，高校需要建立科学的评价机制。一方面，要制定具体的评价标准和指标体系，对传统文化教育的实施效果进行定期评估和反馈；另一方面，要将传统文化教育纳入高校思想政治教育工作的整体评价体系中，与其他教育工作相互衔接、相互促进。通过科学的评价机制，可以及时发现和解决传统文化教育中存在的问题和不足，推动传统文化教育不断发展和完善。

总之，融入日常教育，丰富对中华优秀传统文化的体验与实践是一项长期而艰巨的任务。我们需要从多个方面入手，通过深化课堂教学、开展实践活动、利用现代科技、加强师资建设以及建立科学评价机制等措施，让学生在亲身体验和实践中感受传统文化的魅力，增强文化自信和个人素养。只有这样，才能更好地传承和弘扬中华优秀传统文化，为培养德智体美劳全面发展的社会主义建设者和接班人打下坚实基础。

四、融入队伍建设，为传承中华优秀传统文化提供坚实保障

在浩瀚的历史长河中，中华优秀传统文化作为中华民族的精神根脉和文化基因，承载着深厚的历史底蕴和独特的民族智慧。它不仅是民族身份的象征，更是国家软实力的重要组成部分。而在当今全球化的背景下，如何有效传承和弘扬这一优秀传统文化，使之在新时代焕发出新的生机与活力，成为摆在我们面前的重要课题。其中，融入队伍建设对于传承中华优秀传统文化具有举足轻重的意义。通过加强融入队伍建设，不仅能够为传承中华优秀传统文化提供坚实保障，还能够推动高校思想政治教育质量的提升，培养出更多具有文化自信心和民族自豪感的时代新人。

（一）融入队伍建设的必要性

首先，融入队伍建设是适应时代发展的需要。在全球化、信息化的时代背景下，文化多样性和文化交流日益频繁。中华优秀传统文化作为中华民族的精神标识，在国际舞台上发挥着越来越重要的作用。加强融入队伍建设，有助于提升中华优秀传统文化在国际上的影响力和竞争

力，推动其在全球范围内得到更广泛的传播和认同。其次，融入队伍建设是提升思想政治教育质量的关键。高校思想政治教育是培养学生世界观、人生观、价值观的重要途径。通过融入队伍建设，将中华优秀传统文化元素有机融入思想政治教育中，丰富教学内容，创新教学方法，使思想政治教育更加贴近学生实际，更具针对性和实效性。最后，融入队伍建设是培育文化传承人才的重要途径。中华优秀传统文化的传承和发展需要一批既懂传统文化又具有现代教育理念的优秀人才。通过加强融入队伍建设，培养出一批具有深厚传统文化素养和现代教育能力的教师队伍，为中华优秀传统文化的传承和发展提供有力的人才保障。

（二）融入队伍建设的路径

为了有效推动融入队伍建设，需要从多个方面入手，构建起一个全面、系统的建设体系。一是加强教师培训，提升文化素养。通过举办专题讲座、开设培训课程等方式，加强对教师的中华优秀传统文化培训，提升他们的文化素养和教学能力。同时，鼓励教师积极参与传统文化研究，不断提升自己的学术水平和研究能力。二是建立学术团队，推动学术交流。组建中华优秀传统文化研究团队，汇聚校内外优秀学者和专家，共同开展相关课题研究和学术交流活动。通过团队合作和资源共享，推动中华优秀传统文化研究的深入发展，为教学提供有力支撑。三是引进优秀人才，优化人才结构。积极引进具备中华优秀传统文化素养和现代教育理念的优秀人才，充实教师队伍。同时，加强与国际国内高校和研究机构的合作与交流，吸引更多优秀人才参与中华优秀传统文化的传承和发展工作。四是完善激励机制，激发教师积极性。建立健全激励机制，对在融入中华优秀传统文化方面作出突出贡献的教师给予表彰和奖励。同时，提供必要的经费支持和条件保障，为教师的研究和教学工作创造良好环境。

（三）融入队伍建设的成效与展望

通过融入队伍建设，高校已经取得了显著的成效。一方面，学生的文化自信和民族自豪感得到了明显增强，他们更加珍视和热爱中华优秀传统文化，愿意为之传承和发展贡献自己的力量。另一方面，高校思想政治教育的质量也得到了提升，教学内容更加丰富多样，教学方法更加灵活有效，学生的综合素质和全面发展得到了更好保障。展望未来，随着国家对中华优秀传统文化传承和发展的重视程度不断提升，融入队伍建设将迎来更加广阔的发展空间。高校将继续进行深化教师培训、加强学术团队建设、优化人才结构等工作，不断提升融入队伍的整体素质和水平。同时，将积极探索新的融入方式和途径，使中华优秀传统文化在高校思想政治教育中得到更加深入和广泛的传承和发展。

综上所述，融入队伍建设是传承中华优秀传统文化的重要保障，也是提升高校思想政治教育质量的关键。通过加强教师培训、建立学术团队、引进优秀人才和完善激励机制等措施，已经取得了显著的成效。未来，将继续深化融入队伍建设工作，为传承中华优秀传统文化、培养担当民族复兴大任的时代新人作出更大贡献。我们相信，在全体教育工作者的共同努力下，中华优秀传统文化一定能够在新时代焕发出更加绚丽的光彩！

第三节 依托"大思政"工作格局创新融入的实践模式

一、全员、全程、全方位协同推进传统文化有效融入

在 2016 年全国高校思想政治工作会议上，重点强调了新时代背景下高校思政工作举足轻重的地位及其功能，并提出了建立包含全体成员、贯穿全过程、覆盖全方位的"三全育人"工作体系的策略要求。中华优秀传统文化，作为高校道德教育的重要基石，应被有机地整合进这

一思政工作体系中。要在马克思主义的理论框架下，将中华优秀传统文化与高校思想政治教育的理论和实践紧密结合，以求达到最大化教育效果。为实现这一目标，我们需要不断更新教育理念，拓宽教育思路，并在实践中不断探索和创新育人方法。此外，提升教师队伍的整体素质和育人能力至关重要，这不仅关系到教育质量的提升，也是摸索和建立中华优秀传统文化与高校思想政治教育相融合的理想模式的关键所在。通过提高教师的专业素养，使他们能够更好地理解和传授中华优秀传统文化，进而促进其在高校思想政治教育中的有效融入和应用。以下是几种实践模式的具体探讨：

1. 构建跨学科的教学协同模式

在"大思政"框架下，传统文化的教学不应局限于思政课堂，而应跨越哲学、历史、文学、艺术等多个学科。高校可以建立跨学科教学团队，共同设计含传统文化元素的课程和教材，实现课程资源的共享和优化。例如，历史系与哲学系可以联合开设中国传统思想与现代社会课程，通过多角度解读传统文化的现实意义，增强学生的文化自信。

2. 全员参与的文化活动设计

高校应鼓励各职能部门、各学院甚至学生社团参与到传统文化的传播和实践中来。如设立"传统文化月""国学节"等活动，由学生事务部、团委、各专业学院共同协办，举办讲座、展览、比赛等形式多样的活动，使传统文化教育渗透到学生的日常学习和生活中。

3. 利用现代信息技术推广传统文化

结合数字媒体和网络平台，创新传统文化的传播方式。高校可以建设传统文化在线学习平台，开发相关的电子书籍、视频课程、互动软件等，利用学生对现代信息技术的亲和力，提高传统文化学习的趣味性和互动性。例如，开发虚拟现实（VR）技术体验中国传统建筑艺术，或通过游戏化教学让学生在完成任务的同时了解历史人文知识。

4. 实践基地和社会实践的深度融合

高校可以与文化机构、博物馆、非物质文化遗产保护中心等建立长期合作关系，设置传统文化学习实践基地。鼓励学生参与传统节日的组织、传统手工艺的学习和传统文化调研等，将课堂学习与社会实践相结合，通过实践活动深化对传统文化的理解和感悟。

5. 全面评估和持续改进机制

建立一套科学的评估机制，对传统文化的融入效果进行定期和全面的评估。这包括学生的满意度、参与度、知识掌握程度等多维度的评价。通过收集反馈，不断调整和优化传统文化教育策略，确保教育活动的实效性和适应性。

通过上述模式，高校可以在"大思政"工作格局的指导下，实现传统文化教育的全员全程全方位融入。这不仅有助于提升学生的文化素养和思想道德水平，还能增强其对中国传统文化的认同感和自豪感，为培养具有国际视野的现代人才奠定坚实的文化基础。

二、衔接主渠道与主阵地，提高育人化人的实效性

"博学之，审问之，慎思之，明辨之，笃行之"，这是中华优秀传统文化中倡导的治学求知之道。从古至今，教育始终强调知与行的统一，认为培养学生的内在品德与理性认知是教育的根本任务。"存其心，养其性"，正是引导学生内心自觉自知，提高其道德修养和认知水平的过程。而真正的知识转化为个人内在的价值与能力，也必须通过实践的检验与运用。因此，将中华优秀传统文化融入高校思想政治教育，应积极借鉴这一理念与方法，引导学生在知行合一的精神指引下不断成长。教育部早在 2014 年已明确提出将中华优秀传统文化纳入高校课堂和日常教育的要求，这充分体现了对优秀传统文化中知行合一理念的重视与认可。以下将探讨依托"大思政"工作格局创新融入的实践模式，以提升主渠道与主阵地的育人效果。

1. 建设立体式课程体系

构建"大思政"工作格局，首先要从课程建设入手。高校应设计立

体式课程体系，将思想政治教育内容融入各类课程中，实现全员覆盖。例如，在专业课中融入思想政治教育元素，让学生在专业学习中感受思想政治的渗透，提升专业素养的同时培养良好的思想道德品质。

2. 搭建多样化平台与载体

为了实现全方位育人，需要搭建多样化的平台与载体，让思想政治教育走进学生的生活和实践中。这包括学生社团、志愿服务、文化活动等方面的组织和活动。通过学生参与这些活动，可以增强他们的社会责任感和集体荣誉感，培养其团队合作精神和领导能力。

3. 强化网络化思政教育

"大思政"工作格局的创新还应包括网络化思想政治教育。随着信息技术的飞速发展，网络已成为学生获取信息、交流思想的重要平台。高校可以通过建设线上学习平台、开设网络公开课等形式，将思想政治教育延伸到网络空间，提高覆盖面和互动性。

4. 整合校园文化资源

校园文化是思想政治工作的重要载体，利用好校园文化资源可以有效提高思想政治工作的实效性。高校可以通过举办主题讲座、文化节、艺术展等活动，引导学生关注国家大事、社会热点，增强他们的社会责任感和使命感。

5. 加强师生互动与交流

师生互动是思想政治工作的重要环节，通过加强师生之间的互动与交流，可以促进学生思想的成长和个性的发展。高校可以组织师生座谈会、心理咨询活动等形式，让师生之间建立起良好的沟通机制，及时了解学生的思想动态，针对性地开展思想政治教育工作。

6. 强化评价与反馈机制

最后，为了提高思想政治工作的实效性，需要建立完善的评价与反馈机制。高校可以通过定期开展学生满意度调查、专家评估等方式，对思想政治工作进行评估和反馈，及时发现问题并加以改进，保证思想政治工作的有效性和持续性。

综上所述，构建"大思政"工作格局创新融入的实践模式，需要从课程建设、平台搭建、网络化教育、校园文化、师生互动和评价反馈等多个方面入手，不断完善和推进思想政治工作，以提高主渠道与主阵地的育人效果，促进学生全面发展。

三、运用"互联网+"模式，加强线上文化浸润与引领

在当前信息化、网络化的时代背景下，互联网已成为年青一代获取信息、交流思想的重要渠道。高校教育也不再局限于传统的课堂讲授，而是需要与时俱进，紧密结合互联网技术进行创新。特别是移动互联网和新媒体的迅猛发展，极大地拓宽了学生获取知识的途径，同时也对他们的学习方式、信息接收习惯产生了深远影响。面对这样的时代变革，将中华优秀传统文化融入高校思想政治教育，就显得尤为重要。这不仅是对文化传承的一种尊重，更是通过传统文化引导学生形成正确的价值观和人生观的有效手段。但这一过程的实施，必须紧密结合互联网技术，采用学生喜闻乐见的方式方法进行。为了实现这一目标，高校思想政治教育需要不断创新。首先，教学内容上，可以结合互联网的特点，将传统文化内容进行数字化、可视化的再创作，使之更加贴近学生的生活，激发学生的学习兴趣。其次，在教学方式上，可以利用在线教育平台、社交媒体等途径，采用互动式、体验式的教学方法，让学生在参与中学习，在学习中参与。最后，还需要加强教师队伍的培训，提高他们的互联网应用能力和传统文化素养，以便更好地引导学生。我们需要根据具体情况调整策略，灵活应对，使传统文化在当今社会得以有效传承和发展。以下是对其创新举措的具体说明：

1. 建设互联网平台：搭建以校园官方网站、微信公众号、App等为主要载体的互联网平台，为学生提供丰富多样的思想政治教育资源。通过这些平台，可以发布优秀传统文化的相关内容、举办线上讲座、推送思想政治教育动态等。

2.打造线上互动空间：建立专门的线上互动空间，为学生提供交流、讨论、分享的平台。可以开设论坛、微博话题、在线问答等功能，引导学生积极参与思想政治话题的讨论，增强他们的思想认同感和归属感。

3.创新教学模式：将线上教学与线下教学相结合，采用"翻转课堂"等教学模式，引导学生通过互联网平台预习课程内容，并在课堂上展开讨论和思考。这种方式既能提高学生的学习积极性，又能促进他们的思想交流和碰撞。

4.制作优质内容：注重线上内容的质量和深度，制作具有吸引力和感染力的优质视频、文章等。可以邀请专家学者、校内名师等开展线上讲座和访谈，以及录制有关思想政治教育的短视频、音频等，吸引学生的注意力，提升他们的学习体验。

5.引入新媒体技术：利用人工智能、大数据等新媒体技术，个性化推送内容，根据学生的兴趣和需求进行精准推送。同时，可以利用虚拟现实、增强现实等技术，打造沉浸式的思想政治教育体验，提升学生的参与感和体验感。

综上所述，依托"大思政"工作格局创新融入，运用"互联网+"模式加强线上文化浸润与引领，既是时代发展的要求，也是高校思想政治工作的必然选择。只有不断创新思想政治教育的方式和手段，才能更好地满足青年学生的需求，引导他们健康成长，为社会发展和进步作出积极贡献。

四、构建文化传承的学校、家庭、社会多维支撑

在新时代，我们对高等教育的重视，尤其是培养优秀传统文化和思想政治教育在立德树人中的战略意义更加凸显。党和国家出台了一系列文件，明确了大学生传承中华优秀传统文化的战略安排，不仅要求高校将传统文化融入教育，还强调了家庭和社会共同承担起传承弘扬中华优

秀传统文化的责任。以下将探讨多维支撑的文化传承实践模式：

1.学校维度

（1）课程设置创新：在课程设置上，将中华优秀传统文化融入各个学科，不仅在历史、文学等相关学科中进行深入探讨，还在理工科、经济学等学科中引入相关内容，使学生全面了解和体验传统文化的魅力。

（2）校园文化建设：学校建立传统文化学习中心或文化体验馆，举办传统文化节日活动、展览等，营造浓厚的文化氛围，激发学生对传统文化的兴趣和热爱。

2.家庭维度

（1）家校合作：在日常生活中，优秀传统文化是我们宝贵的精神财富，其中蕴含的传统美德和价值理念对于培养青年的道德品质至关重要。我们应该善于利用这些文化资源，在家庭教育中发挥积极作用，通过浸润和教导，帮助青年树立正确的价值观念和道德标准。家庭是文化传承的重要场所，家长可以自觉、主动地学习、研究和运用优秀传统文化，将其融入家庭教育中。这不仅有助于丰富家庭教育的内容，还能与学校教育形成互补，共同促进青年的全面发展。例如，家长可以教导孩子学习诗词、传统绘画等艺术形式，让孩子在欣赏美的同时，理解传统文化的深厚底蕴和人文精神。学校也应积极与家长合作，共同推动传统文化的传承。学校可以组织家长会等活动，向家长普及传统文化知识，引导他们在家庭教育中注重传统文化的渗透。同时，学校还可以开展以传统文化为主题的校园活动，鼓励学生参与，增强他们对传统文化的认同感和自豪感。

（2）家庭文化活动：将尊老爱幼、诚实友善、勤俭持家等美好品质，融入家庭教育中，使其成为家庭成员的行为准则和生活指南。首先，塑造良好的家风是关键。家风是一个家庭的精神风貌和文化氛围，它潜移默化地影响着家庭成员的言行举止。通过倡导尊老爱幼、和睦相处、诚实友善等家风，可以为家庭成员营造一个积极向上、相亲相爱的生活环境。其次，制定家训和家规也是传承传统文化的重要手段。家训是家庭教育的核心理念，家规是家庭成员必须遵守的行为规范。结合传统价值观，制定出既符合现代生活需求，又体现传统文化精髓的家训和家规，以此来引导和规范家庭成员的行为。此外，组织家庭文化活动也是一个有效的途径。家长可以与孩子一起参与传统文化的学习与体验，如书法、国画、剪纸等民间艺术，或者一起阅读经典文学作品，共同感受传统文化的魅力。这些活动不仅能增强家庭成员之间的交流与互动，还能培养孩子的文化素养和审美能力。

3. 社会维度

（1）社会资源整合：社会是青年成长的真实环境，是学校和家庭所不能替代的重要组成部分。社会教育具有强大的现实性和深刻性，对青年的影响不可小觑，起到学校和家庭教育所无法达到的作用。因此，可以将学校、社区等社会资源进行整合，联合多方力量，为当代大学生传承优秀传统文化、树立自信价值观创造有益条件。学校可以与社会各界积极合作，利用社会资源丰富学生的文化体验，例如邀请传统文化艺术家进行讲座、表演等，提供更多的学习机会。

（2）社会实践活动：大学生在学校和家庭接受的优秀传统文化教育和思想政治教育必须在社会实践中得以体验、反馈和调整。学校可以组织学生参与传统文化保护和传承的社会实践活动，如参观古迹、参与非遗传承项目等，让学生深入了解传统文化的价值和意义。

综上所述，将中华优秀传统文化融入高校思想政治教育的实践模式，关键在于贯通当代青年学生的真实生活世界，并构建覆盖该生活世界的实践模式。确实，现实生活世界的复杂性以及网络环境的高度发达给高校思想政治教育带来了前所未有的挑战。大学生的思想容易受到各种因素的影响，包括家庭、社会、网络环境以及国内外形势等。这些因素之间相互作用，使得高校思想政治教育面临着巩固持续稳定育人效果的难题。为了解决这一问题，高校需要不断进行理论研究和实践探索，以实现教育教学的突破。这包括深入研究大学生的心理特点，了解他们的需求和困惑，以及探索更有效的教育方法和手段。同时，高校还应积极积累经验，总结成功案例，为今后的教育工作提供参考和借鉴。此外，国家顶层设计也应在构建全面系统协调的育人机制方面发挥重要作用。这包括提升全社会对中华文化的认识和重视程度，通过制定相关政策和措施来营造良好的教育环境。同时，还应注重对青年一代的言传身教，以实际行动来影响和激励他们，帮助他们树立正确的价值观和人生观。

五、建立动态反馈机制，促进融入的效果不断优化

青年一代是国家的未来和希望，他们在接受优秀传统文化熏陶的过程中，能够更好地认识自己的文化根基，增强民族自豪感和归属感，从而更好地立足祖国土地、认知时代方位。高校思想政治教育在这一过程中扮演着举足轻重的角色，其使命是将优秀传统文化有效地融入教育过程中，这是一项基础性、长期性、系统性的工程。

为了实现这一目标，高校应积极构建一套动态反馈机制，对优秀传统文化融入思想政治教育的各个方面进行全面、客观的评估。这套机制应具备评估内容、方式、方法和途径的有效性的功能，以确保教育的针对性和实效性。

借助当今先进的网络科技和云计算数字化数据信息处理技术，可以建立一个全员全程全方位的观测评价机制。这个机制将高校、家庭和社会紧密联系在一起，贯穿于思想政治教育的全过程。通过收集教师和学生对课堂及校园学习体验的评价反馈信息，可以更全面地了解优秀传统文化融入思政教育的实际情况与接受程度。

同时，这套机制还能帮助教育者及时总结经验，发现存在的问题与不足。结合实际情况，可以实事求是地进行改进与优化，以确保优秀传统文化在高校思想政治教育中的有效融入，进而提升青年一代的文化素养和道德品质，为他们坚定地走向未来奠定坚实的基础。

为了不断优化融入效果，需要建立动态反馈机制，及时了解大学生的需求和反馈，进行调整和改进。这一机制可以包括以下几个环节：

（1）定期调研和问卷调查：为了更有效地结合优秀传统文化到高校思想政治教育中并提升其教学质量，可以定期通过调研和问卷调查，深入了解学生对思政课程和传统文化的看法和需求，同时收集他们对当前教育实践模式的评价和建议。此外，也需要关注教材的使用反馈，通过课后小调查和线上信息采集，系统地获取学生对教材知识性、可读性和科学性的评价。与此同时，加强与任课教师的联系和沟通至关重要，可以利用线上信息交流平台或座谈研讨等方式，积极听取并吸纳他们的教学意见和建议。为了进一步确保教材内容的科学性和实践性，定期邀请相关领域的专家对教材进行全面评估，并根据反馈进行必要的修订。最终，致力于实现教材和教学实践的良性循环，通过不断优化教材内容和改进教学方法，提升思政教育的教学质量，确保优秀传统文化能够更好地融入高校思想政治教育中。

（2）为了全面评估优秀传统文化在思想政治教育中的融入效果，需要对校园、家庭等社会环境进行深入的检测与评估。在校园活动和社会实践中，应广泛观察学生的行为表现，调查他们的思想价值观，评估教学引导的实践质量，以及评价实践活动的形式、内容和实际效果。这样做能够让高校更加客观、全面地了解优秀传统文化在思想政治教育中的融入情况，及时发现并纠正可能存在的问题，同时总结经验、吸取教训。这样的评估工作能够确保优秀传统文化的融入与高校立德树人的根本任务以及新时代的人才培养目标紧密相连，推动优秀传统文化的融入过程更加科学、系统。这不仅能够为以文化人、以文育人的教育目标提供实效性和长效性的机制保障，还能在家庭和社会实践环境中发挥重要作用。在家庭和社会实践中，高校需要建立有效的联动机制，明确高校的育人目标和内容，拓展传统文化发挥价值的空间、路径和方式，以形成协同育人的强大合力。通过建立联动反馈机制，能够更好地控制教育质量，逆向追溯并查找存在的不足，进而调整教育实施方案，推动优秀传统文化与思想政治教育的协同创新发展。同时，还应高度重视对动态反馈机制收集到的信息进行科学、全面、系统的分析。这不仅能够帮助高校更深入地理解学生的需求和期望，还能提供有力的数据支持，以便更加精准地改进教学方法和内容，进一步提升优秀传统文化在思政教育中的融入效果。

（3）师生互动平台：建立师生互动平台，允许学生通过该平台反馈他们对思想政治教育的看法和建议。这个平台可以实时采集学生对传统文化的认知和认同情况，为日后进行育人效果的比较和教学方法的改进提供数据支持。教师可以通过这个平台及时回应学生的意见，并且能够跟进学生的反馈。同时，这个平台也应该用于了解和评价教师的能力素质、教学引导水平等多项因素，以帮助教师不断提升个人素质和教学能力。这种互动机制有助于教师和学生的共同成长，促进教育质量的持续提高。

（4）效果评估和优化：为确保动态反馈机制的有效性，需要不断地进行有序的调整和改进。观测点、信息收集的方式与渠道，以及分析评价的指标体系等，都应根据时代的变化和高校教育的发展进行灵活的动态调整。考虑到学生群体的差异性和教育的实际情况，高校必须及时进行必要的修正和优化，以便为教育部门和教师提供科学的数据支持，从而确保优秀传统文化能够有效地融入到思想政治教育实践中去。高校的目标是培养大学生的文化自信，使他们成为新时代传承和弘扬民族精神和优秀传统文化的主力军，进一步推动中国特色社会主义文化的繁荣与发展。同时，高校思想政治教育也应致力于立德树人，培养全面发展的社会主义建设者和接班人，为社会主义现代化建设作出应有的贡献。

通过实施上述措施，高校可以构建一个协调统一的"大思政"工作格局，并通过动态反馈机制不断优化教育实践模式，使思想政治教育更加贴近学生需求、更加符合实际情况，从而取得更好的教育效果。这将有助于培养具有坚定理想信念、深爱祖国、勇于担当民族复兴大任的新时代青年。

主要参考文献

［1］马克思恩格斯全集：第1卷［M］.北京：人民出版社，1956.

［2］马克思恩格斯选集：第1卷［M］.北京：人民出版社，2012.

［3］马克思恩格斯选集：第2卷［M］.北京：人民出版社，2012.

［4］马克思恩格斯选集：第4卷［M］.北京：人民出版社，2012.

［5］马克思恩格斯文集：第9卷［M］.北京：人民出版社，2009.

［6］列宁选集：第4卷［M］.北京：人民出版社，1995.

［7］列宁全集：第29卷［M］.北京：人民出版社，2017.

［8］列宁全集：第43卷［M］.北京：人民出版社，2017.

［9］毛泽东选集：第2卷［M］.北京：人民出版社，1991.

［10］毛泽东文集：第8卷［M］.北京：人民出版社，1999.

［11］邓小平文选：第2卷［M］.北京：人民出版社，1994.

［12］邓小平文选：第3卷［M］.北京：人民出版社，1994.

［13］江泽民文选：第1-3卷［M］.北京：人民出版社，2006.

［14］胡锦涛文选：第1-3卷［M］.北京：人民出版社，2016.

［15］胡锦涛文选：第3卷［M］.北京：人民出版社，2016.

［16］习近平谈治国理政：第1卷［M］.北京：外文出版社，2018.

［17］习近平谈治国理政：第2卷［M］.北京：外文出版社，2017.

［18］爱德华·泰勒.原始文化［M］.桂林：广西师范大学出版社，2005.

［19］覃光广.文化学辞典［M］.北京：中央民族学院出版社，1988.

［20］中共中央关于党的百年奋斗重大成就和历史经验的决议［M］.北京：人民出版社，2021.

［21］习近平著作选读：第1卷［M］.北京：人民出版社，2023.

［22］习近平.论坚持党对一切工作的领导［M］.北京：中央文献出版社，2019.

［23］习近平关于社会主义精神文明建设论述摘编［M］.北京：中央文献出版社，2022.

［24］习近平.决胜全面建成小康社会夺取新时代中国特色社会主义伟大胜利：在中国共产党第十九次全国代表大会上的报告［M］.北京：人民出版社，2017.

［25］汪澎白，张慎恒.毛泽东早期的哲学思想探源［M］.北京：中国社会科学出版社，1983.

［26］江泽民会见高校党建和中小学德育工作会议代表时指出加强学校党建和精神文明建设［N］.人民日报，1997-06-12.

［27］中国共产党第十六次全国代表大会文件汇编［M］.北京：人民出版社，2002.

［28］江泽民.增进相互了解，加强友好合作：在美国哈佛大学的讲演［N］.人民日报，1997-11-02.

［29］毛泽东邓小平江泽民论青少年和青少年工作［M］.北京：中央文献出版社、中国青年出版社，2000.

［30］江泽民.全面建设小康社会，开创中国特色社会主义事业新局面：在中国共产党第十六次全国代表大会上的报告［J］.求是，2002(22).

［31］江泽民.团结奋斗，繁荣社会主义文艺：在首都元宵节文艺界座谈会上的讲话［N］.人民日报，1991-03-01.

　　［32］胡锦涛.在中国文联第八次全国代表大会中国作协第七次全国代表大会上的讲话［N］.人民日报，2006-11-11（001）.

　　［33］胡锦涛.高举中国特色社会主义伟大旗帜为夺取全面建设小康社会新胜利而奋斗［N］.人民日报，2007-10-25（001）.

　　［34］把中国文明历史研究引向深入　推动增强历史自觉坚定文化自信［N］.人民日报，2022-05-29（001）.

　　［35］中共中央文献研究室.十八大以来重要文献选编：下［M］.北京：中央文献出版社，2018：476.

　　［36］习近平.在主持中央政治局第十三次集体学习时的讲话［N］.人民日报，2014-02-26（001）.

　　［37］梁皓，崔丽.中华优秀传统文化何以"走出去"［J］.人民论坛，2018（28）.

　　［38］习近平在中共中央政治局第十三次集体学习时强调把培育和弘扬社会主义核心价值观作为凝魂聚气强基固本的基础工程［J］.党建，2014（03）.

　　［39］在新时代东北振兴上展现更大担当和作为奋力开创辽宁振兴发展新局面［N］.人民日报，2022-08-19（001）.

　　［40］"我一直关心新疆的建设发展"：记习近平总书记在新疆考察［N］.人民日报，2022-07-17.

　　［41］北京冬奥会冬残奥会总结表彰大会隆重举行［N］.人民日报，2022-04-09（001）

　　［42］坚定不移走中国人权发展道路更好推动我国人权事业发展［N］.人民日报，2022-02-27（001）

　　［43］习近平谈治国理政：第1卷［M］.北京：外文出版社，2014：164.

　　［44］关于实施中华优秀传统文化传承发展工程的意见［N］.人民日报，2017-01-26（06）.

　　［45］习近平在全国高校思想政治工作会议上强调把思想政治工作

贯穿教育教学全过程开创我国高等教育事业发展新局面［N］.人民日报，2016-12-09（01）.

［46］靳玉军，周琪.思想政治教育学原理［M］.重庆：西南师范大学出版社，2015：85.

［47］国家发展和改革委员会."十三五"国家级专项规划汇编［M］.北京：人民出版社，2017：424.

［48］中共中央文献研究室.毛泽东文艺论集［M］.北京：中央文献出版社，2002：42-43.

［49］中共中央文献研究室.建国以来重要文献选编：第4册［M］.北京：中央文献出版社，1993：711.

［50］中共中央文献研究室.改革开放三十年重要文献选编：上［M］.北京：中央文献出版社，2008：260.

［51］中共中央文献研究室.十四大以来重要文献选编：上［M］.北京：人民出版社，1996：706.

［52］中共中央文献研究室.十三大以来重要文献选编：中［M］.北京：人民出版社，1991：858.

［53］习近平在文化传承发展座谈会上强调担负起新的文化使命努力建设中华民族现代文明［N］.人民日报，2023-06-03（1）.

［54］习近平在德国科尔伯基金会的演讲［N］.人民日报，2014-03-30（001）.

［55］习近平关于社会主义文化建设论述摘编［M］.北京：中央文献出版社，2017：144.

［56］习近平在哲学社会科学工作座谈会上的讲话［N］.人民日报，2016-05-19（001）.

［57］习近平关于社会主义经济建设论述摘编［M］.北京：中央文献出版社，2017：3.

［58］中共中央文献研究室.建国以来重要文献选编：第17册［M］.北京：中央文献出版社，1997：359.

［59］陈立民.中华优秀传统文化与思想政治教育高层论坛在宁召开［N］.新华日报，2022.

［60］李梦晨.中华优秀传统文化融入大学生思想政治教育的探索［N］.科学导报，2024.

［61］李政亮，王冉冉.红色微电影融入高校思想政治教育的实践路径［N］.中国电影报，2024.

［62］王丹妮.中华优秀传统文化融入高校思想政治教育路径探究［N］.中国文化报，2021.

［63］许意蓝.浅谈以文化人在高校思想政治教育中的"金钥匙"作用［N］.中国文化报，2023.

［64］刘娟，张在金，郭晓翠.红医精神融入医学生思想政治教育探析［N］.科学导报，2023.

［65］徐丹.高校思想政治教育中的非遗传承［N］.中国文化报，2021.

［66］吴常柏.把丝路精神融入高校思想政治教育［N］.新疆日报（汉），2022.

［67］白丹，蔡冬梅，高敏娜，等.自治区领导深入高校开展思想政治教育［N］.内蒙古日报（汉），2023.

［68］房婷睿."三个务必"对新时代大学生思想政治教育的引领作用［N］.山西科技报，2023.

［69］黄岩，朱杨莉.中华优秀传统文化融入高校思政课的思考［J］.思想政治教育研究，2019（01）.

［70］沈壮海.将优秀传统文化融入高校立德树人实践［J］.思想政治工作研究，2014（04）.

［71］付秀荣.中华优秀传统文化融入高校思想政治理论课的路径探析［J］.教育与职业，2015.

［72］渠彦超.中华优秀传统文化融入高校思想政治理论课教学的理性审视［J］.山西高等学校社会科学学报，2017.

［73］杨丽艳；王珏.中华优秀传统文化与高校思想政治理论课的融合研究［J］.湖北函授大学学报，2017.

［74］文天天；肖祖康.中华优秀传统文化融入高校思想政治理论课路径探析［J］.法制与社会，2018.

［75］俞海燕.中华优秀传统文化融入高校思想政治理论课的三重逻辑［J］.科学咨询（科技·管理），2023.

［76］史可.中华优秀传统文化融入高校思想政治理论课探究［J］.改革与开放，2017.

［77］王永明，雷荣珍.中华优秀传统文化融入视角下的高校思想政治理论课教学改革研究［J］.佳木斯大学社会科学学报，2019.

［78］闵友付.中华优秀传统文化融入高校思政课研究［J］.淮南职业技术学院学报，2023.

［79］李国娟.中华优秀传统文化融入高校思想政治理论课教学研究［J］.思想理论教育，2014.

［80］高俊芳.中华优秀传统文化融入高校思想政治理论课的对策研究［J］.品位经典，2019.

［81］李泳，张端.大学生文化自信培育融入思想政治教育的价值与路径［J］.中国民航飞行学院学报，2022（05）.

［82］贺兰英.思想政治教育中文化自信的三重呈现［J］.未来与发展，2022（06）.

［83］王和强.大学生养成教育：概念辨析、个性识别与路径选择［J］.未来与发展，2022（01）.

［84］王承庆.中国特色社会主义文化自信融入大学生思想政治教育的实施路径［J］.海南广播电视大学学报，2021（04）.

［85］张伦阳，王伟.铸牢中华民族共同体意识：理论逻辑、现实基础和实践路径［J］.民族学刊，2021（01）.

［86］陈庆庆，李祖超.中华优秀传统文化融入大学生思想政治教育的路径创新［J］.思想政治教育研究，2020（04）.

［87］侯勇，张腾飞.新时代高校思想政治教育理论的创新发展：学习习近平总书记关于高校思想政治工作的重要论述［J］.河海大学学报（哲学社会科学版），2019（06）.

［88］李明珠，卯海娟.社会主义核心价值观：文化自信的灵魂［J］.长江论坛，2018（05）.

［89］王秀花.挖掘传统文化中的思政教育资源［J］.人民论坛，2018（12）.

［90］姜茹茹.思想政治教育推动文化自信培育问题探究［J］.思想教育研究，2017（10）.

［91］向利，黎彦辰.刍议中华优秀传统文化融入大学生思想政治教育［J］.新西部（理论版），2017.

［92］万龙.中华优秀传统文化融入大学生思想政治教育的路径研究［J］.科学咨询（教育科研），2020.

［93］孙崇霄.中华优秀传统文化融入高校思想政治教育的路径论析［J］.科教导刊，2023.

［94］梁玉杰.从中华优秀传统文化中汲取思想政治教育话语表达的智慧［J］.学校党建与思想教育，2020.

［95］杜宇.中华优秀传统文化融入高校思想政治教育的方法研究［J］.决策探索（下），2021.

［96］司伟.论中华优秀传统文化与大学生思想政治教育［J］.中外企业家，2018.

［97］叶纯亮.高校辅导员加强中国特色社会主义文化教育的路径研究［J］.广西科技师范学院学报，2018.

［98］高崇翠，宋虎岩.新时代中华优秀传统文化融入大学生思想政治教育路径［J］.湖北开放职业学院学报，2022.

［99］孙志远，赵瑶.中华优秀传统文化融入大学生思想政治教育路径研究［J］.陕西开放大学学报，2023.

［100］阚玉双.中华优秀传统文化融入思想政治教育的路径研究

［J］.领导科学论坛，2018.

［101］张明光.中华优秀传统文化融入高校思想政治教育的意义与路径研究［J］.吉林工程技术师范学院学报，2023.

［102］梁玉杰.从中华优秀传统文化中汲取思想政治教育话语表达的智慧［J］.学校党建与思想教育，2020.

［103］杜宇.中华优秀传统文化融入高校思想政治教育的方法研究［J］.决策探索（下），2021.

［104］孙志远，赵瑶.中华优秀传统文化融入大学生思想政治教育路径研究［J］.陕西开放大学学报，2023.

［105］向利，黎彦辰.刍议中华优秀传统文化融入大学生思想政治教育［J］.新西部（理论版），2017.

［106］李立.中华优秀传统家风在高校思想政治教育中的运用［J］.太原师范学院学报（社会科学版），2017.

［107］乔婷.优秀传统文化融入高校思想政治教育的价值、问题与路径研究［J］.兰州教育学院学报，2019.

［108］陈栋慧.新时代背景下中华优秀传统文化融入高校舞蹈课堂的路径探索［J］.戏剧之家，2023.

［109］陈丽.以中华优秀传统文化培育大学生社会主义核心价值观的路径探索［J］.产业与科技论坛，2017.

［110］舒忠.中华优秀传统文化与大学生养成教育融合发展路径探索［J］.文化创新比较研究，2020.

［111］郑国，赵方.中华优秀传统文化融入幼儿园教育的路径探索［J］.成都师范学院学报，2023.

［112］郭瑞鹏，巩晶骐.新时代加强大学生中华优秀传统文化教育的路径探索［J］.河南教育（高教），2018.

［113］薛丽梅.新文创视域下中华优秀传统文化赋能大学生成才的路径探索［J］.文化创新比较研究，2024.

［114］周姣术.中华优秀传统文化融入高校思想政治教育路径探索

［J］.牡丹江教育学院学报，2021.

　　［115］李宗岩，赵威威.中华优秀传统文化融入大学生思想政治教育的价值、困境与路径探索［J］.长春师范大学学报，2020.

　　［116］许欣.中华优秀传统文化融入研究生思想政治教育路径探索：以北京工商大学研究生社团建设为例［J］.北京教育（德育），2017.

　　［117］何志阳，骆春榕，罗雪梅.中华优秀传统文化与大学生思想政治教育融合路径探索［J］.国家通用语言文字教学与研究，2023.

主要参考文献

后　记

为进一步推动中华优秀传统文化进高校、进教材、进课堂、进学生头脑，发挥思想政治教育的价值引领功能，几位学者决定编写《中华优秀传统文化融入高校思想政治教育》，本书获辽宁工程技术大学马克思主义学院学术著作出版资助。

本书是集体协作、共同劳动的成果。经过反复论证，几易其稿，最终完成。

本书在撰写过程中，引用和借鉴了大量的研究成果和文献，而在注释中可能存在疏漏，在此特别说明并向相关作者致以衷心的谢忱！

中华优秀传统文化融入高校思想政治教育任重道远。本书作为一本高等教育读物，我们希望它能够为教师提升教育水平、学生热爱传统文化提供助力。当然，本书有很多需要不断改进和完善的地方，由于对中华优秀传统文化和高等教育理论与实践研究的有限，加之教学科研工作繁重和自身水平的不足，书中有些内容可能论述得不够深入，有些问题可能没有展开讨论，有些情况可能没有充分反映，等等。在此，恳请广大读者提出宝贵的批评意见，这正是我们以后努力的方向。

最后，感谢辽宁工程技术大学马克思主义学院对本书的资助，感谢辽宁人民出版社对本书出版所提供的支持。

2024 年 5 月